Rainer Sass

Kochen Hilft!

Kochbuch 4

von links: Rainer Sass, August Kesseler, Winzer und Michael Stitz, Journalist

Vorwort

Für alle, die wie ich gern kochen und dabei den grauen Alltag vergessen können, sind die nachfolgenden Rezepte im neuen Kochbuch von Rainer Sass unerlässlich.

Froh gelaunt und erquicklich, geradeheraus und ohne Schnörkel, gesund und einfach zuzubereiten.

Wenn ich mal außer Haus esse, grüble ich darüber nach, was ich für das Geld, das ich soeben für das Mahl ausgegeben habe, selbst hätte zubereiten können. Deshalb koche ich übrigens jeden Tag. Entspannt in legerer Kleidung, bei einer guten Flasche Wein, um dann an einem liebevoll gedeckten Tisch zu genießen.

Das Buch ist für all diejenigen, die sich entgegen dem Zeitgeist gesund ernähren wollen, ohne dabei auf größtmöglichen Genuss und Geschmack zu verzichten. Die Gerichte sind sehr lecker und bauen auf frischen Grundprodukten auf, die Sie heute mittlerweile überall kaufen können: auf dem Markt und im Kaufhaus oder beim Metzger und Gemüsehändler um die Ecke.

Ich darf als Winzer Rainer Sass schon viele Jahre begleiten. In Sachen Wein und in den besten Restaurants Deutschlands. In Wirtschaften, wo noch normal gekocht wird und man in der Lage ist, eine gute Frikadelle mit Kartoffeln und Wirsing aus naturnahem Anbau auf den Tisch zu bringen.

Die nachfolgenden Seiten sind der Konsens aus alledem: frisch, klar, gesund und geradeaus. Sodass jedes für sich auf dem Teller eigenständig schmeckt, sich gegenseitig nicht aufhebt, sondern alles zusammen in perfekter Harmonie zueinander steht. Professionell eben – aber ganz einfach! Mit viel Spaß bei der Arbeit und alles von einem stets froh gelaunten Menschen, der das auf seine Rezepte in gekonnter Weise überträgt.

Viel Erfolg!

Ihr August Kesseler

Rezeptverzeichnis

Index

Wenn nicht anders angegeben sind die Rezepte für 4 Personen.

Vorspeisen und Suppen

Das ist der Hausaltar von Rainer Sass, hier ist er unerbittlich, es muss blitzen und blinken. Und für jede Portion hängt hier der richtige Topf. „Und wehe hier ist Durcheinander, dann ist Schluss mit lustig", bekennt der Gourmet.

Rote-Bete-Carpaccio

Rote-BeTe-Carpaccio

ZuTATEN FÜR 4 PERSONEN

4 MITTELGROSSE ROTE-BETE-KNOLLEN
½ TL KÜMMEL

VARIATION 1:
100 G PARMESANKÄSE
4 EL OLIVENÖL
3 EL BALSAMESSIG

Gekochte und in zwei Millimeter dicke Scheiben geschnittene Rote Bete
auf einem Teller dekorativ verteilen. Marinade verrühren, wer mag,
gibt noch etwas zerstoßenen Pfeffer dazu. Über die Rote Bete gießen.
Parmesan in hauchdünne Späne schneiden und ebenfalls darüber streuen.

VARIATION 2:
50 G PINIENKERNE
150 G ROQUEFORTKÄSE
4 EL OLIVENÖL
3 EL APFELESSIG

Den zerpflückten Roquefort und die ohne Fett leicht angerösteten
Pinienkerne auf die Rote Bete geben. Mit Marinade begießen.
Ideal dazu: Baguette und Champagner.

Bohnensuppe

Zutaten:

500 g getrocknete weisse Bohnen
2 Karotten
½ Knollensellerie
1 Stange Lauch
1 Dose Tomaten (850 g), bevorzugt San
Marzeno von Sonnen-Bassermann
150 g durchwachsener Speck
200 g Cabanossi-Wurst

1 grosse Gemüsezwiebel
mindestens 2 Knoblauchzehen
1 Kräuterbund aus Petersilie, Thymian,
Rosmarin, Lorbeerblatt
1½ L Brühe
½ L Wasser

Bohnen mindestens 2 Stunden in Wasser einweichen. Wasser danach abgießen. Alle Gemüse in kleine Würfel schneiden, Knoblauch hacken, Speck sehr fein würfeln, Wurst in Scheiben schneiden. Dosentomaten abtropfen lassen, grobe Strünke und Kerne entfernen, mit einem Löffel leicht zerpflücken. Gewürze zusammenbinden.

Zuerst den Knoblauch mit den Zwiebeln in Olivenöl andünsten, das gewürfelte Gemüse, Bohnen, Tomaten, Wurst und Speck dazugeben, mit Brühe und Wasser ablöschen. Alles bei kleiner Hitze und geschlossenem Deckel mindestens 1,5 Stunden köcheln lassen. Bohnen haben leider unterschiedliche Garzeiten, also unbedingt die Garprobe machen. Wer möchte, schmeckt die Suppe – auf Tellern serviert – noch mit saurer Sahne, Crème fraîche oder Tabasco ab.

Die Suppe soll eine sämige Konsistenz haben, gegebenenfalls etwas mehr Brühe oder Wasser verwenden. Nach einer Kochzeit von 20 bis 30 Minuten merkt man, wie viel Flüssigkeit die Bohnen aufnehmen.

Feldsalat mit Gänseleber

ZUTATEN:

300 G FELDSALAT
300 G GÄNSELEBER
SONNENBLUMENÖL
THYMIAN
1 GRANATAPFEL
4 WEISSE FRISCHE CHAMPIGNONS
SALZ, CAYENNEPFEFFER

MARINADE:

2 EL TRAUBENKERNÖL
2 EL WALNUSSÖL
3 EL SHERRYESSIG
1 PRISE ZUCKER

Den Feldsalat säubern, trocknen und in kleinen Büscheln lassen.

Gänseleber vor dem Braten leicht pfeffern und mit wenig getrocknetem Thymian bestreuen. In einer beschichteten Pfanne in etwas Sonnenblumenöl bei mittlerer Hitze braten, dann erst salzen.

Für die Marinade Öl und Essig kräftig verrühren.

Feldsalat auf einer Platte anrichten mit der gebratenen Gänseleber belegen. Champignons und Granatapfelkerne dazugeben, mit der Marinade beträufeln und noch etwas zerstoßenen Pfeffer darüber streuen.

Frühlingsrollen

Zutaten 10 bis 12 Frühlingsrollen:

Frühlingsrollenteig, Reisplattentfig, rund oder eckig (in Asialäden)
1 rote Paprikaschote
1 Bund Frühlingszwiebeln
2 Karotten
3 Knoblauchzehen, durchgepresst
5 weisse Champignons
1 kleine Fenchelknolle
2 Stangen Staudensellerie
1 TL Cayennepfeffer

1 TL Paprikapulver oder Paprikaflocken
Salz, Pfeffer
Sonnenblumenöl
Pflanzenöl

Sauce:
1 Becher Crème fraîche (125 g)
3 EL süsse Sahne

1 Eigelb, Soja-Sauce, Sambal-Oelek

Alles Gemüse und Champignons waschen. Paprika und Karotten schälen, vom Fenchel den Mittelstrunk entfernen. Dann das Gemüse und die Pilze in feinste Streifen schneiden. In einer Pfanne in Sonnenblumenöl andünsten und mit Koblauch, Salz, Pfeffer, Cayennepfeffer, Paprikapulver oder -flocken würzen.

Frühlingsrollenteig auslegen. Eigelb mit 2 EL kaltem Wasser verrühren, mit dieser Mischung die Ränder des Teiges einpinseln. Die Füllung an den unteren Rand des Teiges legen, dann aufrollen und gut verschließen. Frühlingsrollen in Pflanzenöl knusprig ausbraten.

Für die Sauce einfach Crème fraîche mit etwas Sahne verrühren und leicht erhitzen.

Die Frühlingsrollen werden mit extra gereichter Soja-Sauce und Sambal-Oelek serviert, so kann jeder die Würze und Schärfe selbst bestimmen.

Gazpacho

Gazpacho

ZUTATEN:

1 KG FLEISCHTOMATEN
1 GRÜNE GURKE
2 ROTE PAPRIKASCHOTEN
2 KNOBLAUCHZEHEN
2 SCHEIBEN TOASTBROT, OHNE RINDE
2 TASSEN FLEISCH- ODER GEFLÜGELBRÜHE
½ TASSE OLIVENÖL
4 EL SHERRYESSIG

SALZ, PFEFFER, 1 PRISE ZUCKER

EINLAGE:
KLEIN GEWÜRFELTES, GERÖSTETES TOASTBROT,
TOMATEN, PAPRIKA, GESCHÄLT UND GEWÜR-
FELT, STAUDENSELLERIE IN FEINEN STREIFEN

Tomaten häuten, Strünke entfernen. Gurke schälen und würfeln. Von der Paprikaschote unbedingt mit einem Sparschäler die Haut entfernen, damit die Gazpacho nicht so schwer im Magen liegt. Knoblauch pellen. Alle zerkleinerten Zutaten mit Brühe, Sherryessig, Olivenöl, Salz, Pfeffer und Zucker (sehr wichtig!) aufmixen. Dann kühl stellen. Mit den Einlagen servieren.

Für die Zubereitung ist es ratsam, eine eigene Brühe zu kochen. Also, ein paar Knochen mit einem Bund Suppengrün und ein paar Gewürzen kochen lassen, dann durchsieben.

Auch nicht so kalt ist die Gazpacho sehr schmackhaft.

Sehr lecker schmeckt dazu ein Stück fein geschnittener deutscher Katenschinken, leicht gepfeffert.

Crostini mit Geflügelleber und Tunfischmus

ZUTATEN FÜR GEFLÜGELLEBERMUS

300 G HÜHNERLEBER
1 ZWIEBEL
3 KNOBLAUCHZEHEN
10 FRISCHE SALBEIBLÄTTER
3 EL OLIVENÖL
SALZ
PFEFFER

1 GLAS KAPERN (50 G)
0,1 L TROCKENER WEISSWEIN (RIESLING
PINOT GRIGIO)

Die Leber in Würfel schneiden und mit der klein geschnittenen Zwiebel, dem Knoblauch und den Salbeiblättern in Olivenöl andünsten. Kapern hinzufügen, etwas pfeffern und mit Weißwein ablöschen. Alles bei mittlerer Hitze fünf Minuten gar dünsten, die Leber muss innen noch rosa sein. Danach leicht abkühlen lassen und mit einem Mixstab zu einem groben Mus verarbeiten. Serviert wird dieses köstliche Hühnerlebermus auf in Olivenöl gebratenen Weißbrotscheiben.

ZUTATEN FÜR TUNFISCHMUS

1 DOSE TUNFISCH IN OLIVENÖL
1 BECHER SÜSSE SAHNE
200 G GEKOCHTER SCHINKEN
½ BUND PETERSILIE
1 KNOBLAUCHZEHE

OLIVENÖL
SALZ, PFEFFER, ZITRONE

WEISSBROT-BAGUETTE
OLIVENÖL
BESCHICHTETE PFANNE

Tunfisch im Sieb abtropfen lassen und mit einer Gabel fein zerkleinern. Gekochten Schinken mit Knoblauch und Petersilie in der Moulinette fein zerkleinern, mit der Hälfte der Sahne aufgießen. Nun Tunfisch und Schinkengemisch vermischen, eventuell mit etwas Sahne vermengen und mit Salz, Pfeffer und Zitronensaft abschmecken. Auf in Olivenöl gebratenen Weißbrotscheiben servieren.

Weintipp: Champagner oder Weißburgundersekt brut, zum Beispiel vom Schloss Reinhartshausen. Oder eine reife Riesling-Auslese, die nicht zu trocken ausgebaut ist – Sie werden begeistert sein!

Knoblauchsuppe

ZUTATEN FÜR 4 PERSONEN:

4 KNOLLEN VON JUNGEM
FRISCHEM KNOBLAUCH
3 KARTOFFELKNOLLEN, FEST KOCHEND
½ SALATGURKE
1 L BRÜHE, EVENTUELL MEHR
1 BECHER SÜSSE SAHNE (250 G)
PETERSILIE
OLIVENÖL
SALZ, PFEFFER

Knoblauch pellen, Zehen halbieren. Kartoffeln und Gurke schälen, bei der Gurke das Kerngehäuse entfernen. Beides fein würfeln.

Knoblauch, Kartoffeln und Gurke in Olivenöl andünsten, salzen und pfeffern, mit Brühe ablöschen und alles gar kochen (10 bis 12 Minuten). Alles im Mixer aufmixen und mit der Sahne vermengen. Eventuell etwas mehr Brühe nehmen – die Konsistenz soll sämig-suppig sein. Nochmals abschmecken und auf Tellern mit etwas Olivenöl und Fladenbrot servieren.

Selbstverständlich kann man die Knoblauchmenge erhöhen, dann aber auch mehr Kartoffeln und Gurke nehmen. Viel Spaß!

Risotto mit Safran

Zutaten:

500 g Risottoreis
2 Schalotten
1 bis 1,5 L Hühnerbrühe
¼ L Trockener Weisswein
50 g Parmesankäse, gerießen
Zitrone, Salz, Pfeffer
2 Kapseln Safran
2 EL Butter, 3 EL Olivenöl

Schalotten sehr fein schneiden, in Olivenöl andünsten. Den Reis unter ständigem Rühren dazugeben, sodass sich alles gut mit dem Öl verbindet. Dann etwas Brühe und Wein angießen, ständig rühren und nach und nach den restlichen Wein und die Brühe unter den Reis rühren. Der Reis nimmt die Brühe unterschiedlich auf, also vorsichtshalber etwas mehr Brühe (1,5 L) bereithalten.

Zum Schluss in den duftenden sämigen Reis den Parmesan, den Safran und die Butter geben. Mit etwas Salz, Pfeffer und Zitrone würzen und auf kleinen tiefen Tellern servieren.

Roastbeefsalat

ZUTATEN FÜR 4 BIS 6 PERSONEN:

1 SCHEIBE RUMPSTEAK MIT FETTRAND (400 G)
3 BUND RUCOLA
4 TOMATEN
1 BUND FRÜHLINGSZWIEBELN
1 TASSE OLIVENÖL
½ TASSE BALSAMESSIG
1 EL SCHARFEN SENF

SALZ, PFEFFER
SONNENBLUMEN- ODER TRAUBENKERNÖL ZUM BRATEN

Gut abgehangenes Rumpsteak beim Metzgermeister Ihrer Wahl kaufen. Fettrand dran lassen, vor dem Braten einschneiden. Salzen und pfeffern. In einer schweren Pfanne (nicht beschichtet) in Öl von beiden Seiten scharf anbraten, danach ab in den Ofen für acht Minuten bei 160 Grad. Dann in Scheiben schneiden und auf dem gewaschenen und getrockneten Rucolasalat anrichten. Für die Marinade Tomaten entkernen und in Würfel schneiden, Frühlingszwiebeln ohne dunkles Grün in Scheiben schneiden, mit Senf, Öl und Essig verrühren. Wer mag, gibt noch den Bratensaft (durchgesiebt) dazu. Marinade über den Salat geben.

Dazu passt Fladenbrot und eine frische Weißweinschorle.

Zwiebelkuchen

ZUTATEN:

1 KG ZWIEBELN
150 G DURCHWACHSENER SPECK
100 G GERIEBENEN SCHWEIZER KÄSE,
BEVORZUGT GRUYÈRE
2 BECHER CRÈME FRAÎCHE (À 125 G)
2 BECHER SAURE SAHNE (À 150 G)
¼ L MILCH
2 EIER

MUSKAT, FRISCH GERIEBEN
SALZ

TEIG:
500 G MEHL
1 WÜRFEL HEFE
ETWAS ZUCKER, SALZ
CA. ¼ L LAUWARMES WASSER

Für den Teig die Hefe mit etwas Zucker auflösen, dann alles in eine Rührschüssel geben und zu einem geschmeidigen Teig verarbeiten. Abdecken und gehen lassen. Wenn der Teig die doppelte Größe angenommen hat, nochmals gründlich durchkneten. Dann ausrollen und auf ein tiefes Backblech legen. Die Ränder etwas hochdrücken, mit einer Gabel mehrmals einstechen und noch einmal kurz gehen lassen.

In der Zwischenzeit die Zwiebeln schneiden oder mit dem Gemüsehobel fein hobeln. In Butter andünsten, mit etwas Wasser ablöschen und 7 bis 8 Minuten vorgaren.

Etwas abkühlen lassen und mit dem klein geschnittenen Speck auf dem Teig verteilen. Für den Guss die Zutaten verrühren, mit Muskat und Salz würzen und über das Zwiebel-Speck-Gemisch gießen. Das Blech für 40 bis 45 Minuten in den 200 Grad heißen Ofen schieben.

Wer es mag, würzt den Guss noch mit Kümmel.

Idealer Begleiter: ein Riesling aus Deutschland oder Österreich.

Tomatensalat

VARIATION 1:

5 GROSSE FLEISCHTOMATEN
3 EIER, HART GEKOCHT
1 GLAS SARDELLENFILETS (50 G)
1 GLAS KAPERN (100 G)
1 BUND PETERSILIE

Tomaten vom Mittelstrunk befreien, in Scheiben schneiden und auf einer Platte anrichten. Eier, abgetropfte Sardellenfilets, Kapern und Petersilie grob hacken und über die Tomaten streuen. Kein Öl, kein Essig – aber lecker!

VARIATION 2:

5 GROSSE FLEISCHTOMATEN
2 SCHALOTTEN
2 KNOBLAUCHZEHEN
1 BUND ODER TOPF BASILIKUM
4 EL OLIVENÖL
2 EL BALSAMESSIG
½ TL ZUCKER
SALZ, PFEFFER

Tomaten häuten, entkernen und würfeln, dann salzen und pfeffern. Das Tomatenfleisch in eine Schüssel geben. Fein gewürfelte Schalotten und durchgepressten Knoblauch in einem Topf mit etwas Olivenöl andünsten, mit 2 EL Wasser ablöschen und 3 bis 4 Minuten dünsten lassen. Über die Tomaten geben. Nun noch die Basilikum-Blättchen und die Marinade aus Olivenöl, Balsamessig und Zucker dazu – fertig!

Kartoffelrahmsuppe mit Einlage

ZUTATEN:
1 KG MEHLIG KOCHENDE KARTOFFELN (HANSA,
GRATA ODER LEILA)
1 BIS 1½ L FLEISCHBRÜHE
2 BECHER SÜSSE SAHNE, (À 250 G)
MUSKAT, SALZ
ETWAS BUTTER NACH GESCHMACK

Kartoffeln schälen, in Salzwasser kochen, abseihen und im Mixer mit Brühe aufmixen. In einen Topf geben, Sahne und nach Geschmack etwas Butter hinzufügen, mit Salz und Muskat abschmecken. Vorsichtig erhitzen, denn die Suppe brennt schnell an.

Wer die Suppe etwas leichter mag, nimmt einfach weniger Sahne und mehr Brühe. 1 bis 1,5 L Brühe müssten ausreichen, die Suppe hat dann eine sämige Konsistenz.

EINLAGE 1:
CHAMPIGNONS, CHILI, PETERSILIE, ZITRONE, OLIVENÖL

Frische Champignons mit einem feuchten Tuch reinigen, in Scheiben schneiden und in Olivenöl braten. Mit Chili, Salz, Zitrone und Petersilie würzen.

EINLAGE 2:
TOASTBROT, KNOBLAUCH, BUTTER

Toastbrot (ohne Rinde) in Würfel schneiden, in Butter knusprig braun braten und hinterher mit etwas Knoblauch einreiben. Sehr lecker!

EINLAGE 3:
GRAVED LACHS
Graved Lachs, in Würfeln oder Scheiben, in die Suppe geben.

EINLAGE 4:
KAVIAR, FORELLENKAVIAR
Feinster Kaviar zur Suppe – sensationell!

EINLAGE 5:
OLIVENÖL
Einfach einen Strahl Olivenöl in die Suppe geben.

Idealer Begleiter: Schampus oder Winzersekt

Schmorkartoffeln und Kirschsuppe

ZUTATEN FÜR SCHMORKARTOFFELN:

10 MITTELGROSSE KARTOFFELKNOLLEN,
FEST KOCHEND
5 ZWIEBELN
MINDESTENS ½ L FLEISCHBRÜHE
20 SCHWARZE PFEFFERKÖRNER
10 PIMENTKÖRNER
SALZ, MUSKATNUSS
2 EL BUTTER
PETERSILIE ODER SCHNITTLAUCH

ZUTATEN FÜR KIRSCHSUPPE:

500 G KIRSCHEN (SCHATTENMORELLEN ODER
JE 250 G SÜSSKIRSCHEN UND SAUERKIRSCHEN)
1 EL ZUCKER
1 WALNUSSGROSSES STÜCK INGWER
1 KLEINE STANGE ZIMT
SCHALE VON ½ ZITRONE
2 TASSEN ROTWEIN, CÔTE DU RHÔNE ODER
CHIANTI
½ TASSE PORTWEIN
ETWAS SPEISESTÄRKE ZUM BINDEN

Geschälte Kartoffeln und Zwiebeln in feine Scheiben schneiden. Pfeffer- und Pimentkörner im Mörser zerstoßen. Wenn kein Mörser vorhanden ist, die Körner in einem Plastikbeutel mit einem Messerrücken zerdrücken. Kartoffeln und Zwiebeln in eine große, möglichst beschichtete Pfanne geben, mit Pfeffer, Piment, Salz und Muskat würzen, etwas Brühe aufgießen und ohne Deckel schmoren lassen. Immer wenn die Brühe verdampft ist, neue Brühe nachgießen, Kartoffeln wenden und weiter schmoren. Gesamtschmorzeit: ca. 15 bis 20 Minuten bei mittlerer Hitze. Bitte nicht auf volle Hitze schalten – es sind Schmorkartoffeln! Wenn die Kartoffeln gar sind, etwas Butter hinzufügen und mit Schnittlauch oder Petersilie servieren.

Dazu passt ein Spiegelei, Gewürz- oder Senfgurken.

Und als Nachtisch: Kirschsuppe

Die Hälfte der Kirschen entsteinen, den Rest nur säubern und vom Stiel befreien. Kirschen mit Zucker bestreuen und 20 Minuten Saft ziehen lassen. Mit in Streifen geschnittenem frischen Ingwer, Zitronenschale, Zimt, Rotwein, Portwein und Wasser in einem Topf 5 Minuten bei kleiner Hitze köcheln lassen. Die Kirschen müssen von der Flüssigkeit bedeckt sein, also gegebenenfalls etwas mehr Wasser oder Wein nehmen. Eventuell mit etwas Speisestärke binden.

Die abgekühlte Kirschsuppe schmeckt zu Grießpudding, Milchreis oder Vanilleeis.

Orangen-Karotten-Tomatensuppe

ZUTATEN:

1 KG KAROTTEN
1 DOSE GESCHÄLTE TOMATEN (850 G) MIT SAFT
2 L FLEISCHBRÜHE
1 BECHER SÜSSE SAHNE
SAFT VON 2 ORANGEN
SALZ, ZUCKER
PFEFFER
OLIVENÖL
BAUERNBROT

Karotten schälen, in mundgerechte Stücke schneiden und in die Brühe geben. Von den Tomaten die Strünke und Kerne entfernen und mit Saft zu den Karotten geben. Von den Orangen die Haut in feinen Streifen abziehen – das geht mit einem Ziselierer oder scharfen Messer sehr gut. Vorsichtig, es darf keine weiße Haut mit verarbeitet werden. Diese Streifen 2 Minuten in kochendem Wasser abbrühen, dann abschrecken. Saft aus den Orangen pressen, zu den Karotten und Tomaten geben. Alles mit Salz und einer Prise Zucker würzen und bei geschlossenem Deckel 20 Minuten köcheln lassen. Die Suppe dann entweder mit einem Pürierstab oder im Mixer fein pürieren. Eventuell etwas Brühe nach-gießen, falls sie zu cremig ist. Beim Aufmixen einen Becher Sahne in die Suppe geben.

Auf Tellern mit den Orangenstreifen, grobem schwarzem Pfeffer und einem Schuss Olivenöl servieren. Dazu passt in Olivenöl gebratenes Bauernbrot.

Pasta

„Nach meinem ersten Teller Spaghetti al vongole
hier habe ich mich selbst zum Italiener erklärt."
Rainer „Luigi" Sass inmitten seiner italienischen
Fan-Gemeinde vom Restaurant „Mamma Mia".

Von links:
Paulo, Mario Della Negra, Stefano, Rainer „Luigi"
Sass, Pedro, Salvatore, Carlo, Franco, Giorgo, Luigi
Coluccia, Antonio, Akim, Enzo, Dàrio

Bärlauchnudeln

ZUTATEN FÜR 4 PERSONEN:

400 G PENNE-RIGATE-NUDELN
100 G FRISCHER BÄRLAUCH PRO PERSON
2 SCHALOTTEN
2 KNOBLAUCHZEHEN
1 BECHER SÜSSE SAHNE (200 G)
¼ L FLEISCHBRÜHE
0,2 L TROCKENEN WEISSWEIN,
BEVORZUGT RIESLING

SCHWARZER PFEFFER
SALZ
ZITRONE
OLIVENÖL

Bärlauch waschen, trocknen, grobe Stiele entfernen und in feine Streifen schneiden. Sehr fein geschnittene Schalotten in Olivenöl andünsten und sofort mit Sahne, Wein und Brühe ablöschen. Alles 4 bis 5 Minuten ohne Deckel einkochen lassen. Dann den durchgepressten Knoblauch und frischen Bärlauch dazugeben. Mit Salz, Pfeffer und Zitrone abschmecken und mit den bissfest gekochten und mit Olivenöl und schwarzem Pfeffer marinierten Nudeln vermengen.

Dazu schmeckt ein Chianti Classico.

Tipp: Will man Nudeln nach dem Kochen nicht sofort mit einer Sauce verbinden, werden sie abgeschreckt, in eine Schüssel gegeben und mit schwarzem Pfeffer und Olivenöl vermengt. So hat man immer toll marinierte Nudeln zur Verfügung.

Frittata von Spaghetti

ZUTATEN:

500 G VORGEKOCHTE SPAGHETTI
5 EIER
3 BIS 5 KNOBLAUCHZEHEN
70 G PARMESAN
1 TASSE FRISCHE GEHACKTE KRÄUTER:
PETERSILIE, SCHNITTLAUCH, ROSMARIN, SALBEI
SALZ, PFEFFER
OLIVENÖL

DAZU EINEN SALAT MIT FOLGENDER
VINAIGRETTE:
3 EL OLIVENÖL
3 EL BALSAMESSIG
1 TL SENF

Kräuter waschen, trocknen und hacken (vom Rosmarin nur die Nadeln verwenden und vom Thymian die feinen Blättchen abzupfen). Parmesan frisch reiben.

Eier verrühren, durchgepressten Knoblauch, Kräuter, Parmesan und Spaghetti dazugeben und alles am besten mit den Händen gut vermischen. Leicht salzen und pfeffern. Spaghettimasse in einer beschichteten Pfanne in Olivenöl knusprig ausbraten, von jeder Seite 8 bis 10 Minuten. Vorsichtig mit einem oder zwei Bratenwendern wenden.

Mit Tomatensauce und/oder einem gemischtem Blattsalat servieren. Für die Salat-Vinaigrette einfach Öl, Essig und Senf gut verrühren.

Currynudeln

Currynudeln

2 EL GERÖSTETES SESAMÖL
1 MANGO
1 SÄUERLICHER APFEL
1 ZWIEBEL
SAFT UND SCHALE VON 1 ORANGE
SAFT UND SCHALE VON ½ ZITRONE
1 EL CURRYPULVER
1 EL KURKUMA
1 KNOBLAUCHZEHE

1 STANGE ZITRONENGRAS
2 ROTE CHILISCHOTEN, SCHARF
1 STANGE ZIMT
1 KAPSEL SAFRANPULVER
1 L FLEISCHBRÜHE
SÜSSE SAHNE
NACH GESCHMACK:
KREUZKÜMMEL, STERNANIS, INGWER

Was gibt es Schöneres, als sich seine eigene Currysauce zu kochen? Wer es mag, variiert noch mit Kreuzkümmel, Ingwer oder Sternanis. Ich habe ohne diese Gewürze gute Erfahrungen gemacht und nur mit etwas Cayennepfeffer nachgewürzt. Currypulver und Kurkuma bevorzugt von Spice Island benutzen – sie haben ein gutes Aroma.

Mango und Apfel schälen, in mundgerechte Stücke schneiden und mit allen Zutaten in einem Topf eine Stunde köcheln lassen.

Chilischoten mit Kernen verarbeiten, den Knoblauch fein hacken. Die Fleischbrühe muss aus eigener Herstellung kommen, ein Fertigprodukt würde das ganze Curry geschmacklich beeinträchtigen.

Nach der Kochzeit alles durch ein feines Sieb passieren und weiterverarbeiten, zum Beispiel als Nudelsauce zu gebratenem Fisch. Dazu die Currysauce etwas einkochen lassen und zum Schluss mit etwas süßer Sahne verfeinern. Nach Geschmack die Sauce noch zusätzlich mit Cayennepfeffer schärfen.

Die eingekochte Currysauce schmeckt auch solo zu
Tagliatelle oder
Spaghetti.

Oder wie gesagt zu Fischfilet und Currywurst.

Spaghetti mit Rucola, Brühe und Speck

ZUTATEN:

500 G SPAGHETTI
200 G DURCHWACHSENER SPECK
½ L FLEISCHBRÜHE
1 BUND RUCOLA
OLIVENÖL
20 PFEFFERKÖRNER
PARMESAN

Speck in feine Streifen schneiden. Beim Rucola den Strunk entfernen und ebenfalls in Streifen schneiden. Speck und Rucola in Olivenöl in einem großen Topf andünsten, mit Brühe aufgießen und etwas einkochen lassen.

Spaghetti kochen – nicht abschrecken – und zum Speck und Rucola geben. Alles gut verrühren, eventuell noch etwas Brühe nachgießen. Mit zerstoßenem schwarzem Pfeffer würzen und servieren.

Die Spaghetti sollten saftig und bissfest sein, also Vorsicht, nicht zu viel Brühe nehmen, sie dürfen darin nicht ersaufen!

Wer mag, streut noch geriebenen Parmesan darüber und trinkt einen Chianti dazu.

Frühlingsnudeln

Frühlingsnudeln
Orecchiette mit Hähnchenbrust

ZUTATEN FÜR 4 PERSONEN:

500 G ORECCHIETTE-NUDELN
4 HÄHNCHENBRUSTFILETS
4 KNOBLAUCHZEHEN
4 TOMATEN
1 BUND FRÜHLINGSZWIEBELN
1 BECHER SAHNE
1 BECHER BRÜHE
0,1 L WEISSWEIN

2 BUND GLATTE PETERSILIE
20 SCHWARZE PFEFFERKÖRNER
SALZ
OLIVENÖL
100 G FRISCH GERIEBENER PARMESAN

Das Hähnchenfleisch von der Haut befreien, in feine Streifen schneiden, salzen und pfeffern. Tomaten häuten, entkernen und würfeln. Frühlingszwiebeln in Streifen schneiden, Knoblauchzehen pellen, Petersilie fein hacken.

Hähnchenfleisch in Olivenöl anbraten, durchgepressten Knoblauch, Frühlingszwiebeln und Petersilie dazugeben, mit Sahne, Wein und Brühe aufgießen. 3 bis 4 Minuten köcheln lassen, dann das Tomatenfleisch hinzufügen.
Anschließend die gekochten tropfnassen Nudeln dazugeben, alles durchziehen lassen und mit Parmesan und dem zerstoßenen schwarzen Pfeffer bestreuen.

Penne-Rigate mit Auberginen
Winternudeln

ZUTATEN FÜR 4 PERSONEN:

500 G PENNE RIGATE
1 GROSSE AUBERGINE
1 DOSE TOMATEN (850 G)
2 KNOBLAUCHZEHEN
2 ZWIEBELN
4 SARDELLENFILETS
½ TL GETROCKNETER THYMIAN
½ TL GETROCKNETER ROSMARIN

SALZ, 1 PRISE ZUCKER
50 G PINIENKERNE
PARMESAN
BUTTER
SCHWARZER PFEFFER
OLIVENÖL

Aubergine feucht abwischen und den Stielansatz entfernen. In mundgerechte Würfel schneiden. Zwiebeln würfeln, Knoblauch durchpressen. Dosentomaten von groben Strünken befreien. Auberginenwürfel in 4 bis 5 EL Olivenöl von allen Seiten braun braten (Bratzeit: 5 bis 6 Minuten), aus der Pfanne nehmen und beiseite stellen.

Nun erneut etwas Olivenöl in die Pfanne geben. Zwiebeln, Knoblauch, Sardellenfilets und Tomaten dazugeben und mit etwas Salz und Zucker würzen. Alles bei kleiner Hitze 10 Minuten köcheln lassen, sodass die Zwiebeln gar sind und die Sardellen sich auflösen. Dann die Auberginen hinzufügen, leicht verrühren und zu den Penne Rigate, die nach dem Kochen in Butter geschwenkt und mit zerstoßenem Pfeffer gewürzt werden, servieren.

Als Krönung kommen noch geröstete Pinienkerne und geriebener Parmesan auf meine Winternudeln.

Etwas Arbeit, aber köstlich – viel Spaß!

Penne mit Bratwurst

ZUTATEN:

2 SCHALOTTEN, FEIN GEHACKT
1 BIS 2 FEIN GEHACKTE KNOBLAUCHZEHEN
– JE NACH VORLIEBE
400 G FRISCHE BRATWÜRSTE, NACH
MÖGLICHKEIT REINES SCHWEINEBRÄT
1½ ZWEIGE ROSMARIN, FEIN GEHACKT
200 ML TROCKENER WEISSWEIN, NACH
BEDARF AUCH ETWAS MEHR
1 KRÄFTIGE PRISE FRISCH GERIEBENE

MUSKATNUSS
1 KRÄFTIGE PRISE NELKENPULVER
ETWAS SALZ
FRISCH GEMAHLENER SCHWARZER PFEFFER,
NICHT ZU SPARSAM
400 G PENNE AUS HARTWEIZENGRIESS
100 G FRISCH GERIEBENER PARMESAN
OLIVENÖL

Das Olivenöl bei mittlerer Temperatur erhitzen und die Schalotten mit
dem Knoblauch darin anschwitzen. Das Wurstbrät aus der Pelle lösen
und dazugeben. Mit einer Gabel immer wieder klein kneten und vorsichtig braun braten. Wenn das Brät eine schöne, ansprechende Farbe
erreicht hat, den Rosmarin hinzufügen und mit einem Teil des Weißweins
ablöschen. Langsam einköcheln lassen und immer wieder Weißwein
nachgießen. Mit Muskat, Nelkenpulver, etwas Salz und frischem Pfeffer
aus der Mühle würzen.

Parallel dazu die Penne in Salzwasser kochen, abschütten und kurz
abschrecken. Die Penne zu der gut reduzierten Wurstsauce hinzufügen
und noch eine Weile (ca. eine Minute) unter ständigem Rühren mit-
braten. Je nach Geschmack den frisch geriebenen Parmesan unterrühren
oder erst beim Servieren in einer vorgewärmten großen Schüssel
anreichen (dann duftet der Käse am besten).

Dazu passt am besten ein Romanasalat, weil er ein schön kräftiges
Aroma hat. Idealerweise sollte er mit etwas frisch zerdrücktem
Knoblauch auf Salz, schwarzem Pfeffer, Olivenöl und altem Aceto
angemacht werden.

Da das Gericht herzhaft ist und einen intensiven Geschmack hat,
empfiehlt sich dazu ein guter Schluck kräftigen Rotweins.

Guten Appetit!

Spaghetti mit Auberginen

ZUTATEN FÜR 4 PERSONEN:

500 G SPAGHETTI
1 GROSSE AUBERGINE
1 KLEINE DOSE TOMATEN (450 G)
1 GLAS SARDELLENFILETS (80 G)
2 GROSSE ZWIEBELN
1 BUND PETERSILIE
4 EL OLIVENÖL
½ L BRÜHE

2 EL WEISSWEINESSIG
1 EL ZUCKER
SALZ, PFEFFER
ZITRONENSAFT

Die Aubergine waschen, den Ansatz abschneiden und in mundgerechte Würfel schneiden. Zwiebeln schälen und würfeln. Sardellenfilets mit den Zwiebeln in Olivenöl andünsten, Auberginenwürfel, Tomatenfleisch (ohne Saft), Petersilie und Brühe dazugeben. Alles im geschlossenen Topf 10 bis 15 Minuten bei kleiner Hitze köcheln lassen. So werden die Auberginen gar und nehmen die Flüssigkeit auf.

Nach dem Schmoren alles süßsauer abschmecken, und zwar mit Weißweinessig und Zucker. Wer mag, würzt noch mit Pfeffer und Zitronensaft. Die geschmorten Auberginen mit den gekochten Spaghetti vermengen und servieren.

Hier die ersten drei meines Spaghetti-Tests:

1. Bededetto Cavalieri – 500 g, ca. 6,90 bis 7 DM

2. Latini-Nudeln – 500 g, 6,90 DM
       Fa. Becker, Tel.: 0 76 64 / 9 79 80

3. Barilla Spaghetti

Capellini

Capellini mit Chili und Crevetten

ZUTATEN FÜR 6 PERSONEN:

500 G CAPELLINI (FEINE, DÜNNE SPAGHETTI –
KOCHZEIT: 3 MINUTEN)
500 G NORDSEE-CREVETTEN, TIEFGEKÜHLT
1 KLEINE DOSE TOMATEN, OHNE SAFT
2 BIS 3 KNOBLAUCHZEHEN
MINDESTENS 2 SCHARFE CHILISCHOTEN
½ TL CAYENNEPFEFFER
½ TL PAPRIKAPULVER

½ BUND PETERSILIE, FEIN GEHACKT
1 GROSSE ZWIEBEL
0,3 L TOMATENSAFT
0,2 L TROCKENEN WEISSWEIN
SAFT VON 1 LIMONE
SALZ
1 PRISE ZUCKER
OLIVENÖL

Gewürfelte Zwiebel in Olivenöl andünsten. Crevetten mit kochendem Wasser übergießen und tropfnass zur Zwiebel geben. Knoblauch und Tomatenfleisch dazugeben – Tomaten mit einem Löffel in der Pfanne leicht zerteilen. Vorher von den Tomaten die groben Kerne und die Strünke entfernen.

Nun Chilischoten, Paprika- und Cayennepfefferpulver hinzufügen, alles mit Tomatensaft und Weißwein ablöschen und mit Limonensaft, Petersilie, Salz und einer Prise Zucker würzen.

Diesen Sud leicht durchköcheln lassen (Gesamtzubereitungszeit des Suds: 5 bis 6 Minuten). Nudeln kochen und tropfnass in den Sud geben, alles gut vermengen. Eventuell noch etwas Tomatensaft nachgießen, dann nochmals abschmecken und auf tiefen Tellern servieren.

Als Krönung einen Klecks Crème Fraîche darauf und mit Chianti vom Feinsten verputzen.
O sole mio.

Spaghetti mit Kräutern

400 G SPAGHETTI
JE ½ TASSE GEHACKTE KRÄUTER:
GLATTE PETERSILIE, ROSMARIN (NUR DIE
NADELN), THYMIANBLÄTTCHEN, SALBEI
2 SCHALOTTEN
½ L FLEISCHBRÜHE
1 GLAS ANCHOVIS (5 BIS 6 STÜCK), SEHR FEIN
GESCHNITTEN

FLEISCH VON 2 GROSSEN TOMATEN
30 G BUTTER
PFEFFER, SALZ
GROSSER TOPF

Schalotten sehr fein schneiden und 4 bis 5 Minuten in der Brühe leicht gar kochen lassen. Kräuter waschen, trocknen, abzupfen und mit einem großen scharfen Messer klein hacken.

Spaghetti in einem großen Topf mit viel Salz kochen.

Kräuter zur Schalottenbrühe geben, gewürfeltes Tomatenfleisch und Sardellenfilets dazu, leicht salzen und pfeffern, etwas köcheln lassen. Butter unter die Sauce rühren.

Dann Sauce und tropfnasse Spaghetti in einer Pfanne miteinander vermischen. Auf Teller verteilen und verputzen.

Tagliatelle mit Pfifferlingen

ZUTATEN FÜR 4 PERSONEN:

500 G TAGLIATELLE-NUDELN
400 G PFIFFERLINGE
2 SCHALOTTEN
BUTTER, OLIVENÖL
1 BUND PETERSILIE
FLEISCH VON 2 TOMATEN
1 BECHER SÜSSE SAHNE (250 G)
1 BECHER RIESLING

MUSKATNUSS
SALZ, PFEFFER

MEHLBUTTER:
50 G BUTTER, ZIMMERWARM
30 G MEHL

Pfifferlinge mit feuchtem Schwamm oder Bürste reinigen, große Pilze teilen. Schalotten in sehr feine Würfel schneiden, Tomaten häuten und entkernen, Fruchtfleisch würfeln.

Pfifferlinge in Olivenöl-Butter-Gemisch andünsten, Schalotten dazugeben, mit Sahne und Weißwein ablöschen. Bei kleinster Hitze 8 bis 10 Minuten köcheln lassen. Dann Tomatenfleisch und gehackte Petersilie hinzufügen, mit viel Muskat, Salz und Pfeffer würzen.

Die Sauce sollte eine sämige Konsistenz haben, wer mag, bindet sie mit einer Mehlbutter. Dazu die Butter mit dem Mehl verkneten und unter die Sauce rühren.

Die fertige Sauce mit den in viel Salzwasser gekochten Tagliatelle vermengen und gut verrühren. Alles mit zerstoßenem schwarzem Pfeffer bestreuen.

Bleibt nur noch die Frage: Wo ist Herr Schmidt?

Spaghetti mit Gorgonzolasauce und Lammfilet

ZUTATEN FÜR 4 PERSONEN:

300 G SPAGHETTI
200 G GORGONZOLA
1 BECHER SÜSSE SAHNE
1 BECHER MILCH
FRISCH GERIEBENE MUSKATNUSS
2 EL OLIVENÖL
1 KNOBLAUCHZEHE
8 LAMMFILETS

2 EL GEHACKTER FRISCHER SALBEI
SALZ, PFEFFER

Olivenöl in einer großen Pfanne erhitzen. Vom Gorgonzola die Rinde entfernen und grob zerteilt zum Olivenöl geben, Sahne und Milch dazu und unter ständigem Rühren den Käse bei mittlerer Hitze auflösen. Mit Knoblauch und Muskat würzen. Die Sauce 3 bis 4 Minuten durchköcheln lassen. Spaghetti in viel Salzwasser kochen, dabei ständig bewegen, abgießen und feuchtnass zur Sauce geben. Sauce und Nudeln müssen sich gut verbinden.

Die Lammfilets salzen, pfeffern und mit dem gehackten Salbei bestreuen. In Olivenöl von allen Seiten ausbraten (Höchstbratzeit: 3 Minuten). Wer die Lammfilets etwas mehr durchgebraten haben möchte, erhöht einfach die Bratzeit.

Spaghetti auf Teller verteilen und gesondert pro Person 2 Filets dazulegen. Fehlt eigentlich nur noch Rotwein vom Feinsten. Viel Spaß!

Die Sauce wird noch lockerer, wenn man statt der Milch Brühe verwendet. Ruhig einmal versuchen – sie ist nicht so sahnig, schmeckt aber auch lecker.

Saucen und Chutneys

„Abschmecken ist für mich das Gleiche wie der große Solo-Auftritt für Primaballerinen", sagt Rainer Sass, „hier wird klar, wer etwas kann – und Axel kann's einfach."

Axel Henkel hat das Restaurant „Zeik" in Hamburg zur Pilgerstätte für Großstadt-Gourmets gemacht. Hier tafelt Rainer Sass ganz privat mit Freunden.

Erdbeer-Chutney

Zutaten:

500 g Erdbeeren
Fleisch von 4 Dosentomaten (kleine Dose
San Marzano oder Sonnen-Bassermann)
1 scharfe rote Chilischote
1 milde hellgrüne Chilischote
Saft und Schale von 1 Orange
1 walnussgrosses Stück frischer Ingwer,
in Scheiben

2 EL Weissweinessig
4 EL Weisswein, Riesling
½ EL Zucker
1 Prise Salz

Erdbeeren vorsichtig waschen, Stielansatz entfernen und vierteln.
Abgetropfte Tomaten würfeln, Chilischoten sehr fein schneiden. Schale
von der Orange abschneiden und klein hacken, Saft auspressen.

Erdbeeren mit allen Zutaten im Stieltopf ohne Deckel 30 Minuten
köcheln lassen. Zu gebratenem Lachs, Schweinefilet oder Minuten-Steaks
vom Rind aus dem Roastbeef servieren oder auf leicht geröstetem
Graubrot verputzen.

Supersauce

ZUTATEN FÜR 4 PORTIONEN:

½ L FLEISCHBRÜHE
2 KNOBLAUCHZEHEN
2 SCHALOTTEN
3 TOMATEN
1 BUND PETERSILIE
1 L WEISSWEINESSIG
2 EL. BUTTER

Schalotten sehr klein schneiden, Tomaten häuten, entkernen und würfeln. Petersilie fein hacken. Brühe in einen Stieltopf geben und um ein Drittel einkochen lassen. Dann Schalotten, durchgepressten Knoblauch und das Tomatenfleisch dazugeben, mit Essig würzen. Alles 4 bis 5 Minuten durchkochen lassen, dann Petersilie hinzufügen, mit Salz und Pfeffer abschmecken und die Butter unter die Sauce rühren. Von der Kochplatte nehmen und zu Fisch, Fleisch oder Spiegelei servieren.

Hier noch das Rezept für die Fleischbrühe:

1 kg Fleischknochen
1 Markknochen
1 kg Suppenfleisch, Hoch- oder Querrippe
1 Suppenbund
1 angeschwärzte Zwiebel
1 Lorbeerblatt
10 Pfefferkörner
5 Pimentkörner
1 angedrückte Knoblauchzehe

Alle Zutaten in einen Topf geben, Wasser dazugeben und ohne Deckel aufkochen lassen. Wenn sich Schaum bildet, die Hitze reduzieren. Schaum nicht abschöpfen. Mit Deckel 1,5 Stunden kochen lassen. Die Suppe durch ein Sieb passieren, Fleisch und Brühe weiterverarbeiten.

Die Sauce

Zutaten:

2 kg Geflügelknochen, Hälse und Mägen	10 Pfefferkörner
2 Karotten	1 Lorbeerblatt
1 Stange Lauch	4 Wacholderbeeren
300 g Knollensellerie	Öl zum Anbraten
1 Zwiebel	0,7 L Rotwein
1 TL getrockneter Thymian und Rosmarin	1 EL Tomatenmark
1 ungeschälte Knoblauchzehe	Wasser zum Aufgiessen

Die Knochen fein hacken, Mägen vom Fett befreien, Gemüse grob würfeln. In Olivenöl in einem großen Topf oder einer Bratreine anbraten, Gemüse zugeben und mit Tomatenmark leicht weiter rösten lassen. Mit Rotwein ablöschen und mit Wasser aufgießen, sodass die Knochen bedeckt sind. Sämtliche Gewürze zugeben. Alles 2 Stunden köcheln lassen, dann durch ein Sieb passieren. Den durchpassierten Sud weiter einkochen lassen. Je nach Geschmack und Weiterverwendung mit

Orangensaft
Balsamessig
Portwein
Preiselbeergelee

abschmecken. Erst zum Schluss die Sauce salzen und pfeffern. Eine gute Bindung bekommt man auch, wenn man

50 g zimmerwarme Butter
30 g Mehl

verknetet und mit einem Schneebesen unter den durchpassierten Sud rührt.

Aus dem Bratensud beim Geflügelbraten im Backofen lässt sich leider keine Sauce herstellen. Da können Sie noch so viel ablöschen, wie Sie wollen, es bleibt alles zu fett. Also wie beschrieben Geflügelknochen besorgen und einen anständigen Saucenansatz kochen. Die Grundsauce lässt sich problemlos in Joghurtbechern einfrieren.

Tomatensauce

Zutaten:

1 Dose Tomaten (850 g),
bevorzugt Marzano-Qualität von
Sonnen-Bassermann
1 Zwiebel, fein gewürfelt
2 Knoblauchknollen, durchgepresst
Etwas Thymian und Rosmarin, frisch
oder getrocknet
3 El Olivenöl

½ Tl Zucker
2 El Tomatenmark
Salz, Pfeffer
1 Chilischote, scharf, ohne Kerne,
klitzeklein

Tomaten mit der halben Saftmenge (den Rest weggießen) und allen Zutaten 30 Minuten köcheln lassen. Auskühlen lassen und zu den Grillspießen servieren.

Crème-fraîche-Sauce

2 Becher Crème Fraîche
2 El Olivenöl
2 Knoblauchzehen
1 Schalotte
2 Bund Petersilie
1 El scharfen Senf
Saft von ½ Zitrone

Durchgepressten Knoblauch und fein geschnittene Schalotte in Olivenöl andünsten, mit etwas Wasser (2 El) ablöschen und 4 bis 5 Minuten gar köcheln lassen. Die Masse mit Crème fraîche, gehackter Petersilie, Zitronensaft und Senf verrühren.

Toll zu allen Spießen!

Sauce Hollandaise

ZUTATEN:

3 EIGELB
1 EL WEISSWEINESSIG
150 G EISKALTE BUTTER

SALZ, PFEFFER
1 EL GEHACKTE PETERSILIE

Eigelb mit Weißweinessig schaumig schlagen. Herdplatte auf mittlere Hitze stellen und die eiskalte Butter unter die Eigelbmasse rühren. Mit Petersilie, etwas Salz und Pfeffer abschmecken.

Wichtig: Die Butter muss eiskalt sein, Eigelb und Reduktion/Essig müssen die gleiche Temperatur haben, also kein kaltes Eigelb verarbeiten. Herdplatte auf mittlere Hitze stellen, die Sauce darf nie kochen. Also eventuell zwischendurch auf den Herdrand stellen, falls die Hitze zu hoch wird.

Die Sauce schmeckt auch zu Fisch, Gemüse oder Gegrilltem sehr lecker.

Sauce Bernaise

ZUTATEN:

3 EL ESTRAGONESSIG
3 EL WASSER
10 ZERSTOSSENEPFEFFERKÖRNER
1 KLEIN GESCHNITTENE SCHALOTTE
10 STIELE ESTRAGON, LEICHT ZERKLEINERT
1 LORBEERBLATT

FÜR DIE SAUCENBINDUNG:
3 EIGELB
150 G EISKALTE BUTTER
1 GEHÄUFTER EL GEHACKTER FRISCHER ESTRAGON
SALZ, PFEFFER

Aus den Zutaten die Reduktion kochen, alles auf 1 EL Flüssigkeit einkochen lassen. Durch ein Sieb gießen und wieder in den Topf geben.

Unter ständigem Rühren die Eigelbe unter die Flüssigkeit geben – der Topf steht auf der jetzt ausgeschalteten lauwarmen Herdplatte. Die eiskalte Butter in kleine Stücke schneiden und nach und nach unterrühren.

Wenn sich alles verbunden hat, haben Sie jetzt ohne großes Spiel mit einem Wasserbad eine tolle homogene Sauce Bernaise. Dazu kommt noch gehackter Estragon, etwas Salz, Pfeffer und Zitrone.

Sauce Mousseline

REZEPTUR WIE SAUCE BERNAISE

Nach der Fertigstellung einfach 2 fest geschlagene Eiweiße unter die Masse rühren. Die Saucenmasse muss leicht ausgekühlt sein, weil sonst das Eiweiß erneut stocken würde. Die Sauce hat durch das Eiweiß eine leichte, lockere Konsistenz – sehr schön.

Spargel-Majo

ZUTATEN FÜR 4 PERSONEN:

5 EIGELB
5 EL OLIVENÖL
5 EL LEICHT ANGESCHLAGENE SÜSSE SAHNE
SAFT UND SCHALE VON 1 ORANGE
SALZ, PFEFFER

Eigelb schaumig rühren, Olivenöl langsam in feinem Strahl zum Eigelb geben. Dabei ständig rühren, bis das Öl verarbeitet ist und eine sämige Creme entstanden ist. (Das Olivenöl lässt sich aus einem kleinen Gießer ideal gießen.)

Dann die leicht angeschlagene Sahne unter die Masse heben. Orangensaft und die fein geschnittene Schale hinzufügen. Alles mit Salz und Pfeffer abschmecken und zum Spargel servieren.

Voll zur Geltung kommt die Sauce, wenn man sie in einen kleinen tiefen Teller gibt (4 EL) und dicke, saftige weiße und grüne Spargelköpfe dazugibt. Jetzt fehlt nur noch Weißwein oder Schampus.

Gemüse

Eine Kartoffel ist eine Kartoffel ist eine Kartoffel – eben nicht. Wenn Rainer Sass beim Gemüsehändler Michael Heye in Stade auftaucht, geht's zur Sache. Der kundige Spezialist weiß, was sein kritischer Kunde will. „Am besten schmeckt mir im Moment die Sorte „Linda", bekennt Rainer Sass „die im Kartoffelgulasch – einfach superlecker."

Gemüsepizza

PIZZATEIG FÜR MINDESTENS 2 BACKBLECHE
ODER 4 GROSSE RUNDE PIZZEN:

500 G MEHL
1 WÜRFEL HEFE
10 G ZUCKER
1 PRISE SALZ
MINDESTENS 0,3 L WASSER
4 EL OLIVENÖL

ZUTATEN FÜR TOMATENSUGO:

1 DOSE TOMATEN (850 G),
BEVORZUGT SAN MARZANA QUALITÄT VON
SONNEN BASSERMANN
2 EL TOMATENMARK
SALZ, PFEFFER, ZUCKER
2 EL OLIVENÖL

Sugo:
Tomaten mit Saft in einen Topf geben, grobe Strünke entfernen. Tomaten
mit einem Löffel würfeln, dann mit Tomatenmark, Zucker, Salz, Pfeffer
und Olivenöl 20 Minuten durchköcheln lassen und ausgekühlt weiterverarbeiten.

Hefe und Zucker mischen und flüssig werden lassen. Mehl in eine
Schüssel geben, Salz und Hefe dazu, nach und nach Wasser und Olivenöl
beigeben. Der Teig ist fertig, wenn er sich leicht vom Schüsselrand
löst. Den Teig zu einer runden Kugel formen, in eine handwarme Schüssel
geben und bedeckt 45 Minuten gehen lassen. Dann nochmals richtig
durchkneten und auf einer bemehlte Arbeitsfläche verarbeiten.

Ausgerollten Teig mit Tomatensugo einstreichen, getrockneten Thymian
und Rosmarin darauf streuen. Die gemischten Gemüsesorten mit
klein gewürfeltem Mozzarella auf dem Teig verteilen, dann mit Tunfisch
belegen und mit Käse bestreuen, leicht salzen und ab in den Backofen
bei 250 Grad (15 bis 17 Minuten).

Gemüsesorten

Die Gemüsesorten können Sie nach Lust und Laune selbst bestimmen, hier meine Vorschläge:

Champignons, frisch, in Scheiben
Fenchelknolle, fein gehobelt, das Grün gehackt
Rote Zwiebeln in Scheiben
Paprikaschoten, geschält, in Würfeln
halbierte Kirschtomaten
Chilischoten, klitzeklein
Knoblauch in Scheiben
Brokkoli in Röschen geteilt
Karotten in Scheiben.

Die beiden zuletzt genannten Gemüse müssen in kochendem Wasser vorgegart werden, weil sie eine längere Garzeit haben.

Weiter werden benötigt:

Tunfisch in Dosen, gute Qualität ist in Olivenöl eingelegt
Emmentaler- oder Edamer-Käse zum Überbacken.

Tipp:
Die Pizza soll saftig, allerdings nicht „überbelegt" sein. Der Boden muss knusprig braun sein. Achtung! Die Garzeiten sind bei jedem Backofen unterschiedlich, also die Pizza ständig kontrollieren. Die angegebene Backzeit kann nur eine Richtlinie sein. Wenn die Pizza fertig ist, brodelt sie gleichmäßig an der Oberfläche.

Tsatsiki

Tsatsiki

ZUTATEN:

4 KNOBLAUCHZEHEN
3 SCHALOTTEN
OLIVENÖL
2 BECHER VOLLMILCH-JOGHURT
ODER 300 G TÜRKISCHER JOGHURT
2 BECHER CRÈME FRAÎCHE (À 150 G)
1½ GRÜNE GURKE
SALZ, PFEFFER

EINLAGE:

4 HART GEKOCHTE EIER
1 BUND PETERSILIE
½ GRÜNE GURKE, GESCHÄLT, ENTKERNT

Knoblauchzehen schälen, durchpressen und mit klitzeklein geschnittenen Schalotten in Olivenöl andünsten. 2 bis 3 Minuten mit etwas Wasser (2 EL) gar dünsten. Dann mit geschälter, entkernter und grob gewürfelter Gurke, Joghurt, Crème fraîche, Salz und Pfeffer in einen Mixer geben und gut durchmixen.

Für die Einlage Eier hart kochen und hacken. Die restliche Gurke fein würfeln und die Petersilie fein hacken. Nun Eier, Gurke und Petersilie in eine Schüssel geben und das frisch gemixte Tsatsiki darübergießen. Wer mag, gibt noch einen großen Klacks unverrührten Joghurt darauf. Dieses köstliche Tsatsiki schreit förmlich nach Lammkoteletts, gegrilltem Lachs oder Fladenbrot.

Lauchsalat

6 Stangen Lauch, mittlere Grösse
Butter
0,1 L Orangensaft
2 EL Wasser
Salz, Pfeffer, Zucker
Zitrone
Schale von 1 Orange
5 EL Rosinen/Orangensaft

2 EL Meerrettich (Glas)
2 EL süsse Sahne
50 g Pinienkerne

Schwarzbrot

Lauch säubern und die weißen und hellgrünen Teile in feine Scheiben schneiden, dann in Butter andünsten. Mit Orangensaft (0,1 L) und Wasser ablöschen, mit Salz, Pfeffer, einer Prise Zucker und etwas Zitronensaft würzen. Alles 4 bis 5 Minuten leicht und leise köcheln lassen.

Für die Marinade Meerrettich mit 3 EL Orangensaft und Sahne verrühren. Fein gehackte Orangenschale dazugeben, gedünsteten Lauch und die in Orangensaft eingelegten Rosinen (ca. 30 Minuten einlegen) hinzufügen. Alles gut vermengen, eventuell noch etwas abschmecken und dann die angerösteten Pinienkerne (ohne Fett rösten) dazu – und fertig ist ein magenfreundlicher Lauchsalat, der auf geröstetem Schwarzbrot herrlich schmeckt.

Grüner Spargelsalat

ZUTATEN FÜR 4 PERSONEN:

1 KG GRÜNER SPARGEL
2 EIER
½ TASSE SEMMELBRÖSEL
½ TASSE PARMESANKÄSE, FRISCH GERIEBEN
½ TASSE OLIVENÖL
SAFT VON 2 LIMONEN

ZUM SPARGELKOCHEN:
SALZ, ZUCKER, 20 G BUTTER
GROSSER TOPF – OHNE DECKEL KOCHEN

Grünen Spargel am Ende abschneiden und 4 bis 5 Zentimeter anschälen. 4 Stangen roh in feine Streifen schneiden, den Rest bündeln und gar kochen – je nach Dicke 12 bis 15 Minuten.

Eier hart kochen und hacken, dann salzen und pfeffern. Parmesankäse frisch reiben. Semmelbrösel mit Butter in einer Pfanne 2 bis 3 Minuten braun rösten – vorsichtig, es brennt schnell an.

Für die Marinade einfach das Olivenöl mit Limonensaft verrühren.

Das Gericht wird wie folgt angerichtet:

Warme Spargelstangen auf eine Platte geben, mit rohen Spargelstücken bestreuen, dann Brösel, Ei und Parmesan darüber und alles mit der Marinade begießen.

Dazu passt Baguette und Chardonnay, bevorzugt aus Deutschland von Johner aus Baden.

Sauerkraut

ZUTATEN:
500 G SAUERKRAUT (REFORMHAUS)
3 ÄPFEL, BOSKOP
3 ZWIEBELN
50 G BUTTER
TROCKENER WEISSWEIN, RIESLING
SALZ, ZUCKER

GEWÜRZSÄCKCHEN MIT:
1 LORBEERBLATT
10 PFEFFERKÖRNER
5 WACHOLDERKÖRNER

Das Sauerkraut im Reformhaus kaufen und vor dem Verbrauch den Saft ausdrücken.

Apfel schälen, entkernen und in Scheiben schneiden. In Butter mit den Zwiebeln andünsten, dann das Sauerkraut und die Gewürze im Gewürzsäckchen dazu. Mit Weißwein ablöschen, sodass das Kraut bedeckt ist. Bei geschlossenem Deckel 40 Minuten köcheln lassen. 50 g Butter dazugeben und noch weitere 10 Minuten köcheln lassen, sodass die Butter schön einzieht.

Wer möchte, würzt noch mit etwas Salz und Zucker.

Gemüse-Omelett
Ratatouille-Rührei

ZUTATEN FÜR 4 PERSONEN:

8 EIER
1 KLEINE ZUCCHINI
2 FRISCHE CHAMPIGNONS
½ AUBERGINE
1 PAPRIKA ODER CHILISCHOTE
1 KNOBLAUCHZEHE
½ BUND PETERSILIE
2 EL BUTTER

2 EL OLIVENÖL
½ TL GETROCKNETER THYMIAN
½ TL GETROCKNETER ROSMARIN
SALZ, PFEFFER
BESCHICHTETE PFANNE

Gemüse in gleich große Würfel schneiden. Aubergine nur waschen, von der Zucchini den weichen Kernteil entfernen. Paprikaschote mit einem Sparschäler schälen, Knoblauch durchpressen.

Gemüsewürfel in Butter und Olivenöl andünsten und bei kleiner Hitze 4 bis 5 Minuten gar ziehen lassen. Dann mit Thymian, Rosmarin und Knoblauch würzen. Verrührte gesalzene Eier auf das Gemüse gießen, alles stocken lassen, wenden und so von beiden Seiten goldbraun braten. Mit gehackter Petersilie bestreuen und servieren.

Wer mag, kann noch mit Cayennepfeffer oder einer Zwiebel das Omelett etwas herzhafter würzen. Ich gebe immer einen Schuss Mineralwasser in die Eiermasse.

Gegrillter Spargel mit Kerbelbutter

Zutaten:

500 g weissen Spargel, extra dicke
Stangen

4 EL Olivenöl
250 g Butter
2 Schalotten
2 Bund Kerbel
2 EL Olivenöl
1 Packung Holzkohle, Anzünder

Spargel schälen und bissfest gar kochen, leicht auskühlen lassen, mit Olivenöl begießen und mindestens eine Stunde marinieren.

Die Stangen in ca. 10 Zentimeter lange Stücke schneiden – also praktisch eine Stange halbieren – und diese auf höllisch heißer Kohle auf dem Grill grillen und mit Kerbelbutter servieren.

Für die Butter die Schalotten klitzeklein schneiden und in Olivenöl 4 bis 5 Minuten bei kleiner Hitze gar dünsten. Noch lauwarm mit der Butter und dem gehackten Kerbel zerkneten, leicht salzen.

Dazu schmeckt ein frisches Baguette oder neue Kartoffeln.

Falls Sie keinen Kerbel bekommen, können Sie auch Schnittlauch verwenden.

Chicorée

Geschmorter Chicorée

ZUTATEN FÜR 4 PERSONEN:

4 CHICORÉEKNOLLEN (À 150 G)   ZITRONE
1 KLEINE DOSE FLEISCHTOMATEN (450 G)   NACH GESCHMACK SALZ UND PFEFFER
2 SCHALOTTEN
2 KAPSELN SAFRAN, GEMAHLEN ODER FÄDEN   KARTOFFELN
50 G BUTTER   PETERSILIE
1 BECHER SÜSSE SAHNE (125 G)
1 BECHER BRÜHE
0,2 L PROSECCO

Chicorée halbieren, Endstrunk entfernen. Schalotten klitzeklein schneiden. Tomatenfleisch von Kernen und Strünken befreien und ohne Saft verarbeiten. Möglichst auch den Saft aus den Tomaten drücken. Das Tomatenfleisch würfeln.

Für die Beilage Kartoffeln schälen und Petersilie hacken.

Nun Schalotten in Butter andünsten, halbierte Chicorée dazu, salzen und pfeffern. Dann Tomatenfleisch, Sahne, Prosecco und Brühe dazugeben – als Maßeinheit immer den Sahnebecher nehmen. Alles gut vermengen, und den Safran gut mit der Sauce verrühren – es färbt sich alles wunderbar gelb-rot, und ein tolles Aroma entwickelt sich. Mit geschlossenem Deckel 12 bis 15 Minuten köcheln lassen, dann mit etwas Zitrone würzen und mit in Butter geschwenkten Petersilienkartoffeln servieren.

Dazu passt der Prosecco, der auch in der Sauce schwimmt, oder ein halbtrockener Riesling von der Mosel.

Bekommt man Safran nur in Fäden, müssen diese vorher mit etwas Wasser leicht aufgelöst werden. Ich benutze immer einen Mörser dazu.

Der Chicorée sollte fest sein, darf nicht grün blühen und keine braune Stellen haben. Also Augen auf beim Chicoréekauf – ist nicht ganz billig!

Wurzelgemüse

ZUTATEN:

500 G KAROTTEN
2 EL OLIVENÖL
50 G PINIENKERNE
1 BUND FRÜHLINGSZWIEBELN

GEWÜRZMISCHUNG:
1 TL KURKUMA
1 TL CAYENNEPFEFFER

1 TL PAPRIKAPULVER
2 KNOBLAUCHZEHEN
1 TL SALZ

SAFT VON 1 ZITRONE
½ L FLEISCHBRÜHE
½ BUND PETERSILIE
SCHWARZER PFEFFER

Karotten schälen und in Scheiben schneiden. Frühlingszwiebeln vom dunklen Grün befreien und in Streifen schneiden. Petersilie hacken, Gewürze in einer Schale oder einem Mörser mit Salz und Knoblauch mischen.

Pinienkerne in Olivenöl andünsten, Frühlingszwiebeln, Karotten und Gewürz-mischung dazugeben. Brühe aufgießen und bei geschlossenem Deckel 10 Minuten köcheln lassen; die Karotten sind dann gar und saftig. Dann mit Zitronensaft, Petersilie und etwas schwarzem Pfeffer abschmecken.

Passt ideal zu Fisch, Fleisch oder Gegrilltem, schmeckt aber auch solo lecker.

Kartoffelpüree

3 x Kartoffelpüree

SAFRANPÜREE:
5 GROSSE FEST KOCHENDE KARTOFFELKNOLLEN
2 KAPSELN SAFRANFÄDEN
¼ L FLEISCHBRÜHE
2 EL BUTTER

Für alle drei Versionen werden fest kochende Kartoffeln geschrubbt und in wenig Salzwasser mit einem Hauch Kümmel gar gekocht. Dann werden sie gepellt und durchgepresst oder fein gestampft. Dann kommen die unterschiedlichen Gewürze hinzu plus Salz. Alles immer gut verrühren und dann servieren.

PETERSILIENPÜREE:
5 GROSSE FEST KOCHENDE KARTOFFELN
2 BUND PETERSILIE
4 EL OLIVENÖL
20 PINIENKERNE
1 KNOBLAUCHZEHE, GESCHÄLT
1 SCHALOTTE, GESCHÄLT

Alle Zutaten im Mixer oder der Moulinette fein mixen und dieses Pesto kalt unter die Kartoffelmasse rühren.

TOMATENPRÜREE:
5 GROSSE FEST KOCHENDE KARTOFFELN
FLEISCH VON 4 TOMATEN
1 ZWEIG ROSMARIN
1 ZWEIG THYMIAN
1 EL TOMATENMARK
3 EL OLIVENÖL
1 KNOBLAUCHZEHE
1 ZWIEBEL
1 PRISE ZUCKER, SALZ, PFEFFER

Tomaten häuten, entkernen und würfeln. Mit durchgepresster Knoblauchzehe, fein gehackter Schalotte, Kräutern, Tomatenmark, Olivenöl und etwas Salz, Pfeffer und Zucker in einem Topf bei mittlerer Hitze 15 Minuten köcheln lassen. Grobe Kräuter entfernen und dieses fantastisch duftende Tomatenpüree unter die Kartoffelmasse rühren.

Gefüllte Paprikaschoten mit Couscous

ZUTATEN FÜR 6 SCHOTEN:

6 ROTE PAPRIKASCHOTEN
200 G COUSCOUS (HARTWEIZENGRIESS)
1 DOSE TOMATEN (850 G)
6 FRISCHE CHAMPIGNONS
2 KOHLWÜRSTE
50 G PINIENKERNE
½ BUND PETERSILIE
2 KNOBLAUCHZEHEN
1 GROSSE ZWIEBEL
OLIVENÖL

SAUCE:
1 L FISCHBRÜHE
1 BECHER SÜSSE SAHNE
2 EL CURRYPULVER
ZITRONENSAFT

ZUR BINDUNG:
50 G BUTTER
30 G MEHL

Von den Paprikaschoten einen Deckel abschneiden, Kerngehäuse und Strünke entfernen, Deckel fein würfeln. Alle Gemüse möglichst in gleich große Würfel schneiden, Knoblauch durchpressen. Tomaten vom groben Strunk und großen Kernen befreien und nur den halben Saft verwenden. Couscous mit Wasser aufsetzen, leicht salzen und nach Packungsangabe quellen lassen.

Gemüse und Pinienkerne in Olivenöl andünsten, Tomaten mit Saft dazu, Petersilie beigeben, mit Salz und Pfeffer würzen. Fertigen Couscous zum Gemüse geben, alles vermengen und die Paprikaschoten damit füllen.

In einen Topf setzen, Brühe angießen und 20 bis 25 Minuten bei geschlossenem Deckel und kleinster Hitze köcheln lassen. Paprikaschoten aus dem Topf nehmen, Sahne und Curry hinzufügen, mit etwas Mehlbutter binden, Zitronensaft dazu und mit den Schoten servieren.

Etwas Arbeit, nicht ganz billig, aber lecker. Viel Spaß!

Sahnemöhren

Sahnemöhren mit Kartoffelklops und Petersilienpesto „Crossover"

ZUTATEN:

1 KG MÖHREN
2 SCHALOTTEN
BUTTER
1 EL ZUCKER
SCHWARZER PFEFFER, SALZ

½ L FLEISCH- ODER GEFLÜGELBRÜHE
1 BECHER SAHNE (200 G)

ZUR BINDUNG:
50 G BUTTER
50 G MEHL

Möhren schälen und in dünne Scheiben schneiden. Schalotten sehr klein schneiden, in 2 EL Butter andünsten. Möhren dazugeben, alles gut vermengen und mit Zucker, Salz und zerstoßenem Pfeffer würzen. Wer keinen Mörser hat, dreht fünfmal an der grob eingestellten Pfeffermühle.

Jetzt alles mit Brühe und Sahne ablöschen und 5 bis 6 Minuten gar kochen lassen. Dann mit verkneteter Mehlbutter zur gewünschten Konsistenz leicht andicken. Die Mehlbutter also in kleinen Mengen in die Möhren-Sahne-Mischung geben.

Kartoffelklops

ZUTATEN:

600 G MEHLIG KOCHENDE, „REIFE ALTE"
KARTOFFELN
3 EIGELB
50 G KARTOFFELMEHL
50 G BUTTER, ZERLASSEN
MUSKAT, SALZ

Kartoffeln schälen, kochen, abdampfen und durch eine Presse drücken. Nachdem sie etwas ausgekühlt sind, mit leicht erhitzter Butter, Kartoffelmehl und 3 Eigelb verrühren. Dann mit Salz und Muskat würzen und zu Klößen formen. In leicht siedendem Salzwasser 10 bis 15 Minuten ziehen lassen. Die Klöße sind gut, wenn sie an die Oberfläche steigen und sich leicht drehen.

Petersilienpesto

ZUTATEN:

300 G GLATTE PETERSILIE
15 PINIENKERNE
1 SCHALOTTE
2 KNOBLAUCHZEHEN
5 BIS 6 EL OLIVENÖL
ETWAS SALZ

Petersilie waschen, grobe Stiele entfernen, Knoblauch und Schalotten schälen. Die Petersilie in eine Moulinette geben und mit Olivenöl, Pinienkernen, der Schalotte und dem Knoblauch zu einem homogenen Pesto mixen. Eventuell sind zwei Mixgänge nötig. Danach einfach beide Mengen zusammenrühren.

Gebratener Spargel mit Tomaten-Vinaigrette

ZUTATEN:

250 G WEISSER SPARGEL
250 G GRÜNER SPARGEL
SONNENBLUMENÖL
WALNUSSÖL
FLEISCH VON 5 TOMATEN
1 BUND BASILIKUM
3 EL OLIVENÖL
2 EL BALSAMESSIG

10 SCHWARZE PFEFFERKÖRNER
SALZ, PFEFFER, 1 PRISE ZUCKER

Den weißen Spargel schälen, beim grünen nur den Ansatz abschneiden und nur leicht schälen. Beide Sorten in 2 Zentimeter dicke, schräg geschnittene Scheiben schneiden.

Sonnenblumenöl und Walnussöl in einer großen Pfanne erhitzen und die Spargelscheiben unter ständigem Bewegen gar braten – Bratzeit höchstens 5 bis 6 Minuten. Mit Salz und gehackter Petersilie bestreuen.

Für die Tomaten-Vinaigrette Tomaten häuten, entkernen und fein würfeln. Mit gehacktem Basilikum, Olivenöl und Balsamessig verrühren, mit zerstoßenem Pfeffer bestreuen, leicht zuckern und salzen.

Der Spargel schmeckt auch lauwarm sehr lecker. Ideale Beilage: neue Kartoffeln.

Serviettenknödel

Serviettenknödel mit Gurkengemüse

ZUTATEN:

6 ALTBACKENE BRÖTCHEN
¼ L LAUWARME MILCH
100 G DURCHWACHSENER SPECK
1 ZWIEBEL
½ BUND PETERSILIE
2 EIER
BUTTER ZUM ANDÜNSTEN

GURKENGEMÜSE:

1 SALATGURKE, UNGESCHÄLT
1 BECHER CRÈME FRAÎCHE (125 G)
1 SCHALOTTE, KLITZEKLEIN
ETWAS ZITRONE, SALZ, PFEFFER, MUSKAT

Altbackene Brötchen in haselnussgroße Stücke schneiden (mit Rinde) und in eine große Schüssel geben. Zwiebel und Speck in kleine Würfel schneiden und 2 bis 3 Minuten in Butter gar dünsten. Petersilie hacken. Milch über die Brotstücke gießen, Speck und Zwiebeln und Petersilie dazugeben. Alles nur einmal kurz vermengen und 30 Minuten stehen lassen. 2 Eier verquirlen und über die Brotmasse geben, alles salzen und mit Muskat würzen.

Die Masse mit den Händen gut verkneten und auf ein gebuttertes Stück Alufolie geben und zur „Wurst" verpacken, sodass keine Flüssigkeit an die Masse kommt. Dieses Päckchen für 30 Minuten in leicht köchelndes Wasser legen, dann auspacken und mit Gurkengemüse verputzen.

Dazu Gurke der Länge nach vierteln, Kerne entfernen und in Scheiben schneiden, in Butter andünsten, Schalotten und Crème fraîche dazu und alles bei kleiner Hitze 4 bis 5 Minuten köcheln lassen, bis die Gurkenscheiben bissfest gar sind. Mit Salz, Pfeffer, Muskat und Zitrone abschmecken.

Übrig gebliebene Serviettenknödel am nächsten Tag in Scheiben schneiden und von beiden Seiten ausbraten – schmeckt köstlich zu einem frischen Salat.

Idealer Begleiter für Knödel und Gemüse: ein Riesling aus dem Rheingau vom Weingut Georg Breuer. Viel Spaß!

Kartoffelgulasch

ZUTATEN:
1 KG FEST KOCHENDE KARTOFFELN,
MITTELGROSSE KNOLLEN
2 KNOBLAUCHZEHEN
1 BUND FRÜHLINGSZWIEBELN
1 BUND PETERSILIE
½ L GEFLÜGELBRÜHE
½ L WASSER
1 TL PAPRIKAPULVER, EDELSÜSS
5 EINGELEGTE GETROCKNETE TOMATEN

1 EL TOMATENMARK
30 SCHWARZE OLIVEN
2 LORBEERBLÄTTER
SALZ
SCHWARZER PFEFFER
OLIVENÖL
BALSAMESSIG

Kartoffeln schälen und halbieren, von den Frühlingszwiebeln das dunkle Grün abschneiden und in 1 Zentimeter dicke Scheiben schneiden. Knoblauch und Petersilie hacken. Eingelegte Tomaten vom Öl befreien und in Würfel schneiden.

Kartoffeln in Olivenöl mit den Frühlingszwiebeln und dem Knoblauch andünsten, Paprikapulver dazugeben und sofort mit Brühe und Wasser aufgießen. Nun Tomatenmark, Tomaten, Oliven und die Lorbeerblätter hinzufügen. Alles kräftig salzen und pfeffern, wenn möglich, mit zerstoßenem Pfeffer.

Bei geschlossenem Deckel und mittlerer Hitze so lange kochen lassen, bis die Kartoffeln gar sind, dann mit viel Petersilie bestreuen und servieren. Eventuell mit etwas Balsamessig abschmecken.

Wer auf eine Fleischeinlage nicht verzichten möchte, gibt zum Ende der Garzeit noch 2 in Scheiben geschnittene Kochwürste dazu.

Stübbels

Stübbels

ZUTATEN:

1 BECHER CRÈME FRAÎCHE
1 BECHER SÜSSE SAHNE
¼ L HÜHNERBRÜHE
2 SCHALOTTEN
150 G DURCHWACHSENEN SPECK
1 BUND SCHNITTLAUCH
SALZ, PFEFFER
6 EIGELB

MEHLBUTTER:
30 G MEHL
50 G BUTTER

Das nachfolgende Rezept kommt aus Ostpreußen. Besonders lecker sind die Stübbels mit den ersten neuen Kartoffeln, viel Schnittlauch und einem frischen Kopfsalat, mit Öl und Essig angemacht.

Schalotten in klitzekleine Würfel schneiden, Speck in feine Streifen. Beides in Butter in einem Topf andünsten und mit Brühe, Crème fraîche und Sahne ablöschen. Die Flüssigkeit mindestens gut 10 Minuten durchköcheln lassen, damit Speck und Schalotten gar werden. Dann mit etwas Mehlbutter binden – dazu Butter und Mehl verkneten und unter die Flüssigkeit rühren, bis eine sämige Konsistenz entsteht. Danach alles noch etwas köcheln lassen, damit der Mehlgeschmack verschwindet.

Dann die aufgeschlagenen Eigelb und den Schnittlauch beigeben und vom Feuer nehmen. Das Eigelb stockt, kommt an die Oberfläche, und die Stübbels sind fertig. Eventuell noch mit Salz und Pfeffer würzen, aber vorsichtig, meistens reicht schon der Speck als Würze.

Rösti-Variationen

ZUTATEN FÜR 10 BIS 15 RÖSTI:

1 KG FEST KOCHENDE KARTOFFELN, GESCHÄLT
SALZ, PFEFFER, MUSKAT
BUTTER
TRAUBENKERNÖL ODER OLIVELÖL

Geschälte Kartoffeln grob raspeln, in ein Geschirrtuch geben, Flüssigkeit ausdrücken, salzen, pfeffern, mit Muskat würzen. In einer beschichteten Pfanne in einem Gemisch aus Butter und Traubenkernöl oder Butter und Olivenöl ausbraten.

1. Variation:

Der Kölner Klassiker zum Karneval.
Man isst einen Rösti mit Apfelmus, Rübensirup und Schwarzbrot.
Hier das Rezept für ein würziges Apfelmus:

ZUTATEN:

4 SÄUERLICHE ÄPFEL
1 GROSSE ZWIEBEL
1 CHILISCHOTE
1 STANGE ZIMT
1 KLEINES STÜCK INGWER, HASELNUSSGROSS
0,2 L TROCKENEN WEISSWEIN (RIESLING)
ETWAS BUTTER

Apfel schälen, entkernen, in mundgerechte Stücke schneiden. Zwiebel in Lamellen schneiden, beides in Butter andünsten und mit Weißwein ablöschen. Als Aromageber eine halbierte Chilischote ohne Kerne, ein Stück Ingwer und Zimt dazugeben. Alles bei kleiner Hitze 10 bis 15 Minuten bei offenem Deckel köcheln lassen. Dann Chili, Ingwer und Zimtstange entfernen und servieren.

2. Variation: Blutwurströsti

ZUTATEN:

BLUTWURST
KARTOFFELN, FEST KOCHEND
SALZ, PFEFFER, CRÈME FRAÎCHE

Kartoffeln schälen, grob raspeln, in einem Geschirrtusch ausdrücken. Blutwurst in Scheiben schneiden. Jeweils eine Scheibe mit Kartoffelraspeln umschließen, fest zusammendrücken und in Butterschmalz ausbraten. Crème fraîche vorsichtig und leicht erhitzen, dann über den gebratenen Blutwursttaler geben.

3. Variation:
Den gebratenen Rösti mit einem frisch geräucherten Forellenfilet belegen. Dazu Meerrettich, einen kleinen Salat und, wer mag, etwas Preiselbeergelee.

4. Variation:
Meine Lieblingsvariation – gebeizten Lachs mit etwas Crème fraîche und süßem Senf.

5. Variation:
Ziegenkäse in 3 Zentimeter dicke Stücke schneiden, in feinen durchwachsenen Speck einwickeln. Im 200 Grad heißen Backofen 5 bis 7 Minuten gratinieren. Mit Rösti und etwas angemachtem Salat servieren.

Rösti

Fisch

„Wer mit mir länger als eine Stunde arbeitet, wird ganz schnell zum Qualitätsesser", gesteht Rainer Sass. Für Florian Kruck, Rainer Sass' sturmerprobten „Rainer Sass Kochshow"-Regisseur, ist gutes Essen und Trinken inzwischen zum täglichen Must geworden. Hier mit Joachim Niehusen (rechts im Foto) vom Sternekoch-Lieferanten Hummer Peddersen in Hamburg. Der Fisch ist übrigens ein Tunfisch der Extraklasse.

Stockfisch mit Salat
Saibling gegrillt

ZUTATEN:

4 SAIBLINGE ODER FORELLEN (À 350 BIS 500 G)
SALZ
GEMISCHTER SALAT NACH ANGEBOT:
RUCOLA, ENDIVIE, LOLLO ROSSO,
RÖMER ODER EISBERGSALAT

MARINADE:

SAFT VON 1 ORANGE
2 EL OLIVENÖL
½ EL SÜSSER SENF
SALZ, PFEFFER
WER MÖCHTE: 1 EL WEISSWEINESSIG

2 KARTOFFELKNOLLEN, FEST KOCHEND

Fische ausnehmen, säubern, salzen und einen geschnitzten ca. 70 Zentimeter langen Stock durch jeden Fisch stecken. Dazu einfach am
Schwanzende mit einem scharfen Messer eine Öffnung einschneiden,
den Stock dort hineinschieben und durch den Fleischteil durchstechen,
sodass er am Kopf bei den Kiemen herauskommt. Den aufgespießten
Fisch über Holzkohle ca. 30 Minuten grillen, dabei vorsichtig drehen.

Für den Salat alle Sorten säubern, trocknen, klein schneiden und vermischen. Alle Zutaten der Marinade verrühren. Wer es nicht so fruchtig-
süß mag, gibt etwas Weißweinessig hinzu.

Die Kartoffeln schälen, würfeln und in Salzwasser gar kochen. Dann in
Olivenöl in einer beschichteten Pfanne knusprig braun braten. Die köstlichen Würfel einfach über den angemachten Salat geben.

Dazu schmeckt Weißwein oder Weizenbier.

Tunfischtatar

ZUTATEN FÜR 4 PERSONEN ALS VORSPEISE:

400 G TUNFISCH
OLIVENÖL
SALZ, PFEFFER
FLEISCH VON 2 TOMATEN
2 STANGEN FRÜHLINGSZWIEBELN
ETWAS PETERSILIE, GEHACKT
1 EL OLIVENÖL, 1 EL WEISSWEINESSIG

Tunfisch in 3 bis 4 Zentimeter dicken Scheiben kaufen. Die Scheiben salzen, pfeffern und in Olivenöl von beiden Seiten ganz scharf anbraten. Die Pfanne muss fast rauchen – Bratzeit pro Seite: 1 Minute. Danach aus der Pfanne nehmen, auf Küchenkrepp abtropfen lassen und in feine Würfel schneiden. Mit Tomatenwürfeln, Frühlingszwiebel, Olivenöl, Essig und Petersilie verrühren.

Toll, das fast rohe Tunfischfleisch mit der leichten Kruste! Es schmeckt sehr harmonisch mit Tomaten und Frühlingszwiebeln. Solo oder auf geröstetem Brot – eine Köstlichkeit.

Idealer Begleiter: deutscher Winzersekt oder Champagner.

Backfisch

Backfisch – Kabeljau in Bierteig

ZUTATEN:

KABELJAUFILETS,
PRO PERSON MINDESTENS 180 BIS 200 G
0,2 L BIER
250 G MEHL
2 EIER
2 EIWEISS
SALZ
PFLANZENÖL

HIPP-HOPP-REMOULADE:

1 EI
2 TL mittelscharfer SENF
1 TASSE süsse SAHNE
½ TASSE OLIVENÖL
1 BUND PETERSILIE
SAFT VON ½ ZITRONE
1 TL CAYENNEPFEFFER
SALZ

Kabeljaufilets nach restlichen Gräten absuchen, salzen, pfeffern und in 6 bis 7 Zentimeter dicke Stücke schneiden. Für den Teig alle Zutaten verrühren, das leicht angeschlagene Eiweiß erst zum Schluss unterheben. Dann den Teig vorsichtshalber durch ein Sieb gießen und 20 Minuten ruhen lassen.

Für die Hipp-Hopp-Remoulade einfach alle Zutaten in ein Glas geben und mit dem Stabmixer aufmixen.

Das Pflanzenöl erhitzen, die Fischfilets durch den Teig ziehen und 5 bis 6 Minuten goldbraun ausbacken. Mit Remoulade und Weißwein servieren.

Will man für mehrere Personen Kabeljau im Bierteig servieren: einfach die fertig ausgebackenen Filets im Backofen warm stellen.

Frischer Tunfischsalat

ZUTATEN:

350 G FRISCHEN TUNFISCH
250 G KIRSCHTOMATEN
1 SCHALOTTE, SEHR FEIN GESCHNITTEN
1 KNOBLAUCHZEHE, DURCHGEPRESST
½ BUND PETERSILIE
2 EL OLIVENÖL
2 EL BALSAMESSIG
SALZ, PFEFFER
OLIVENÖL

BEILAGE:
BASMATI- ODER LANGKORNREIS

Tunfischfilet salzen, pfeffern und in einer schweren Pfanne in fast rauchendem Olivenöl von jeder Seite 45 Sekunden braten. Aus der Pfanne nehmen und würfeln.

Kirschtomaten halbieren oder vierteln, entkernen und mit Knoblauch und Schalotte zum Tunfisch geben. Alles gut verrühren und mit Öl und Essig abschmecken, mindestens jeweils 2 EL – je nach Geschmack. Petersilie dazu und mit Reis servieren.

Leicht, locker und gesund. Viel Spaß!

Bezugsadresse für guten Dosentunfisch:

Vincent Becker
Gewerbestr. 11
79285 Ebringen

Telefon: 0 76 64/9 79 80
Fax: 0 76 64/97 98 99

Dorade im Tomatenbett

Dorade im Tomatenbett

ZUTATEN FÜR 4 PERSONEN:

2 DORADEN ROSÉ (À 400 BIS 450 G)
FLEISCH VON 10 TOMATEN
5 KNOBLAUCHZEHEN
½ TASSE OLIVENÖL
1 TASSE GEHACKTE KRÄUTER:
THYMIAN, ROSMARIN, SALBEI, PETERSILIE
1 TL ZUCKER
SALZ, PFEFFER
AUFLAUFFORM

KNOBLAUCHKARTOFFELPÜREE:

10 KARTOFFELKNOLLEN, FEST KOCHEND
5 KNOBLAUCHZEHEN
¼ L MILCH-SAHNE-MISCHUNG (⅛ L MILCH,
⅛ L SAHNE)
MINDESTENS 3 EL OLIVENÖL
SALZ

Doraden vom Fischhändler ausnehmen und schuppen lassen. Flossen und Schwanz abtrennen, salzen. Tomaten häuten, entkernen und würfeln. Kräuter waschen, trocknen und klein hacken – es sollten mindestens 3 Sorten Kräuter sein. Den Knoblauch schälen und in Scheiben schneiden.

Tomatenfleisch in eine Auflaufform geben, Olivenöl, Knoblauch, Kräuter dazu und mit Salz und Pfeffer würzen. Alles in den 180 Grad heißen Backofen schieben – für 25 bis 30 Minuten. Die Fische müssen auf Druck noch leicht nachgeben. Nach 30 Minuten sollten sie eine feste, aber saftige Konsistenz haben.

Während der Garzeit bereitet man aus fest kochenden Kartoffeln, Knoblauch, der Milch-Sahne-Mischung, Olivenöl und Salz ein Püree.

Wer kein Püree möchte, genießt den Fisch mit Baguette. Dazu passt ein trockener Riesling aus dem Rheingau.

Eingelegte Bratheringe

ZUTATEN:

10 BIS 12 FRISCHE HERINGE,
OHNE KOPF, AUSGENOMMEN
500 G ZWIEBELN
½ L WEISSWEINESSIG
½ L TROCKENER WEISSWEIN ODER WASSER
ODER WEIN UND WASSER GEMISCHT
1 EL ZUCKER
1 TL SALZ
1 EL KORIANDERKÖRNER
1 EL SCHWARZE PFEFFERKÖRNER

1 EL PIMENT
1 EL WACHOLDER
2 LORBEERBLÄTTER
1 EL GETROCKNETER ESTRAGON
2 EL GROB GEHACKTE PETERSILIE
MEHL
SONNENBLUMENÖL ZUM AUSBRATEN

Zwiebeln schälen, halbieren und in Scheiben schneiden. Mit allen Gewürzen, Essig und Weißwein oder Wasser ohne Deckel 15 Minuten köcheln lassen. Dann ausgekühlt weiterverarbeiten.

Heringe säubern und einsalzen. 10 Minuten stehen lassen, dann in Mehl wenden und in Sonnenblumenöl ausbraten. Nach dem Braten mit Küchenkrepp entfetten, in eine Schale geben, mit dem ausgekühlten Sud begießen und abgedeckt für mindestens. 3 Tage in den Kühlschrank stellen. Dann ca. eine Stunde offen stehen lassen und mit Kartoffelbrei oder Schwarzbrot verputzen.

Crevetten-Reis-Salat

Crevetten-Reissalat

ZUTATEN FÜR 6 PERSONEN:

1 KG CREVETTEN (EISMEERSHRIMPS, CHILENISCHE GARNELEN)
1 FENCHELKNOLLE
3 KAROTTEN
2 CHILISCHOTEN
1 SALATGURKE
1 BUND FRÜHLINGSZWIEBELN
FLEISCH VON 3 TOMATEN

1 BUND PETERSILIE
2 SCHALOTTEN
MINDESTENS 2 KNOBLAUCHZEHEN
3 BIS 4 EL SONNENBLUMENÖL
300 G BASMATIREIS
½ L BRÜHE
SOJASAUCE

Tiefgekühlte Crevetten aus der Tüte nehmen, in eine Schüssel geben und einfach mit kochend heißem Wasser überbrühen – schon sind sie aufgetaut, gereinigt und fertig.

Alle Gemüse in einem großen Topf in Sonnenblumenöl andünsten, zuerst Schalotten, Knoblauch, dann Karotten, Gurke usw. Alles ständig bewegen und verrühren. Mit Salz, Pfeffer und einer Prise Zucker würzen. Garzeit der Gemüse: höchstens 5 Minuten!

Danach mit Brühe und Sojasauce würzen, Crevetten dazugeben, alles nochmals verrühren und mit gekochtem Basmatireis vermengen. Lauwarm oder kalt servieren. Wer mag, gibt noch etwas Olivenöl über den fertigen Salat.

Idealer Begleiter: Sekt, Schampus und knackfrisches Baguette.

Natürlich kann man auch andere Gemüse verwenden. Versuchen Sie es mal mit frischen Erbsen, Zuckerschoten oder Stangensellerie zusätzlich. Viel Spaß!

Forelle auf Lauchgemüse

ZUTATEN:

4 GROSSE FORELLENFILETS OHNE HAUT
3 KARTOFFELKNOLLEN FEST KOCHEND
2 STANGEN LAUCH
100 G DURCHWACHSENER SPECK,
FEIN GEWÜRFELT
½ BECHER SÜSSE SAHNE (200 G)
1 EL BUTTER

½ TASSE WASSER
MUSKATNUSS
ZITRONE
PETERSILIE
SALZ, PFEFFER

Forellen salzen und pfeffern. Das Dunkelgrüne vom Lauch abschneiden, den Rest in feine Streifen schneiden. Speck fein würfeln. Kartoffelknollen schälen, halbieren und in Scheiben schneiden.

Speck in Butter andünsten, Lauch und Kartoffeln dazugeben, alles gut vermengen und mit Wasser ablöschen. Sahne dazugießen und alles bei mittlerer Hitze und ohne Deckel köcheln lassen. Mit etwas Salz, Muskat und nach Geschmack mit Zitrone abschmecken. Garzeit: 5 Minuten.

Die gewürzten Forellenfilets auf das Lauchgemüse legen und mit geschlossenem Deckel bei kleiner Hitze 4 Minuten ziehen lassen. Dann mit Petersilie und zerstoßenem Pfeffer bestreuen und servieren.

Lecker: Die Kartoffeln und der Lauch haben die Sahne aufgenommen, und die Forellenfilets sind schön saftig geblieben. Dazu Weißwein und Baguette.

Lachs aus dem Ofen

ZUTATEN FÜR 4 PERSONEN:

1 LACHSSEITE OHNE GRÄTEN UND HAUT
(CA. 500 G)
4 SCHALOTTEN
4 EL ESTRAGONESSIG
2 EL NOILLY PRAT (FRANZ. VERMOUTH)
250 G SAHNE
1 BUND FRISCHEN ESTRAGON
MEERSALZ

PFEFFER
BUTTER

Lachs von eventuellen Gräten und der Haut befreien. Bei den heutigen Lachspreisen ist es ratsam, einen ganzen Fisch zu kaufen. Aufgeteilt lässt sich der Rest gut einfrieren, und Sie zahlen nur fast die Hälfte!

Schalotten klitzeklein schneiden, vom Estragon die Blätter abzupfen. Schalotten in Butter etwas andünsten, mit Essig und Vermouth ablöschen, Sahne dazugeben und alles 3 bis 4 Minuten durchköcheln lassen.

Lachs in eine gebutterte Auflaufform geben, mit Meersalz, zerstoßenem Pfeffer und frischem Estragon bestreuen und für 12 bis 15 Minuten in den 180 Grad heißen Ofen schieben. Die Sauce stockt ganz leicht an, der Lachs bleibt saftig und aromatisch.

Dazu passt ein Baguette oder etwas Kartoffelpüree und natürlich Weißwein.

Bloody Mary mit Fisch

ZUTATEN:

½ L TOMATENSAFT
200 G FISCHFILET,
BEVORZUGT SEEZUNGE, SEETEUFEL,
ROTBARSCH, AUCH GERNE 2 SORTEN
100 G KRABBENFLEISCH
2 STANGEN STAUDENSELLERIE, IN FEINEN
STREIFEN
1 SCHALOTTE

1 KNOBLAUCHZEHE
FLEISCH VON 2 TOMATEN
1 CHILISCHOTE

Fischfilets in mundgerechte Stücke schneiden, salzen, pfeffern und in Olivenöl in einer beschichteten Pfanne von jeder Seite 2 Minuten braten. Auskühlen lassen und auf Küchenkrepp entfetten.

Schalottenwürfel und durchgepressten Knoblauch in Olivenöl andünsten, Chilischote und Staudensellerie dazu und alles leicht erhitzen. Zum Schluss das Tomatenfleisch hinzufügen, mit Salz, Pfeffer und einer Prise Zucker würzen, auskühlen lassen. Dann die Fischfilets und das Krabbenfleisch dazugeben, alles verrühren, mit etwas Selleriegrün bestreuen und in Cocktailgläser verteilen.

Ein idealer Begleiter zum Champagner und zur Eröffnung eines Menüs. Viel Spaß!

Wer es schärfer liebt, nimmt mehr Chili oder Tabasco.

Bloody Mary

Lachs in Mangold

ZUTATEN FÜR 4 PERSONEN:

2 MANGOLDSTAUDEN
4 LACHSFILETS (À 120 G)
FLEISCH VON 4 TOMATEN
1/2 L BRÜHE
1 BECHER SÜSSE SAHNE (250 G)
BUTTER
MEERSALZ
SCHWARZER PFEFFER

ZUR BINDUNG DER SAUCE:

50 G BUTTER
30 G MEHL
BUTTER UND MEHL VERKNETEN UND NACH
UND NACH ZUR SAHNE-BRÜHE-MISCHUNG
GEBEN.

Mangold in Blätter teilen, Mittelstrünke entfernen, in kochendem Salzwasser 3 Minuten blanchieren. Dann eiskalt in Wasser oder Eiswasser abschrecken, auf ein Tuch legen und trocknen.

Aus den übrig gebliebenen Mangoldstielen kann man hervorragend ein kleines Gemüse herstellen. Dazu die klein geschnittenen Stiele in Butter andünsten, salzen und pfeffern, mit Sahne aufgießen und mit Tomatenmark, Cayennepfeffer und etwas Zucker abschmecken.
Alles 8 bis 10 Minuten köcheln lassen, fertig. Passt ideal zu Nudeln.

Lachsfilets salzen, pfeffern, auf ein Mangoldblatt legen, Tomatenfleisch dazu, alles schön einpacken und in eine Auflaufform mit der Brühe-Sahne-Mischung legen. Die Päckchen sollten von der Flüssigkeit mindestens zur Hälfte bedeckt sein, also eventuell etwas Brühe oder Sahne nachgießen, je nachdem, wie groß die Auflaufform ist. Alles für 12 bis 15 Minuten in den 180 Grad heißen Backofen schieben. Lachspäckchen herausnehmen, die Sauce binden und mit Kartoffelpüree servieren.

Sind die Lachsfilets dicker, erhöht sich die Garzeit. Also ruhig die Druckprobe machen, das Lachsfleisch darf nicht mehr nachgeben, es muss fest im Druck sein.

Die Sauce lässt sich besser binden, wenn man sie aus der Auflaufform in einen Topf gibt.

Lachs im Salzteig

ZUTATEN:

1 LACHS (3 BIS 3,5 KG)
6 EIWEISSE
6 PFUND SALZ

SAUCE BERNAISE:

6 EIGELBE
1 SCHALOTTE

5 EL WEISSWEINESSIG
1 LORBEERBLATT
10 PFEFFERKÖRNER
8 BIS 10 ESTRAGONBLÄTTER UND STIELE
2 EL FRISCHEN ESTRAGON
50 G KALTE BUTTER
ZITRONE

Salz und Eiweiß mischen und auf ein Backblech etwas Salzteig verteilen. Den ausgenommenen und gewaschenen Lachs auf den Teig legen. Dann den Lachs mit dem Salzteig bedecken und in den auf 220 Grad vorgeheizten heißen Backofen schieben. 20 Minuten garen. Danach den Lachs aus dem Teig befreien – dazu den harten Teig mit einem Fleischklopfer aufhauen. Mit Sauce Bernaise servieren.

Dazu Essig, Schalotte, Lorbeer, Estragonblätter und Pfefferkörner in einem festen Stieltopf auf die Hälfte reduzieren lassen. Alles durch ein Sieb abgießen und diese Reduktion wieder in den Topf geben. Eigelb dazu, alles bei mittlerer Hitze schaumig aufrühren und nach und nach die kalte Butter darunter rühren. Mit klein gehacktem Estragon krönen, etwas salzen, pfeffern und mit Zitrone abschmecken – fertig.

Eine schnelle, lockere Sauce Bernaise wird ohne Wasserbad geschlagen!

Scampi-Cocktail

Zutaten:

500 g Scampis mit Schale, ungekocht

Cocktail-Sauce:

3 Eigelbe
3 EL Olivenöl
Saft von ½ Zitrone
1 EL getrockneter Estragon

2 EL trockener Martini
4 EL süsse Sahne

Fleisch von 3 Tomaten
1 Pfirsich (Dose)

Eigelb und Olivenöl in einer Schüssel mit dem Schneebesen schaumig rühren, Zitronensaft beigeben. Getrockneter Estragon, klein gewürfeltes Tomaten- und Pfirsichfleisch hinzufügen. Martini und Sahne unterrühren und etwas durchziehen lassen.

Scampis von der Schale und dem Darm befreien und längs halbieren. In einer Pfanne in Olivenöl kräftig braten – höchstens 3 bis 4 Minuten, dabei die Scampis ständig wenden. Nach dem Bratvorgang salzen.

Die gebratenen Scampis in die Cocktail-Sauce geben, etwas verrühren und mit Toastbrot und Champagner servieren.

Matjes mit Bananensauce

ZUTATEN:

MATJESFILETS

SAUCE:

2 BANANEN
1 DOSE KOKOSMILCH (400 ML)
1 EL CURRYPULVER
½ TL CAYENNEPFEFFER

1½ TASSEN RIESLING
1 TASSE SÜSSE SAHNE

RÖSTI:

KARTOFFELN
SALZ, PFEFFER, MUSKAT
SONNENBLUMENÖL, BUTTER

Klein geschnittene Bananen mit Kokosmilch, Sahne, Curry und Cayennepfeffer 8 bis 10 Minuten bei kleiner Hitze köcheln lassen. Dann mit
dem Stabmixer aufmixen, durch ein feines Sieb passieren und noch etwas
einkochen lassen, sodass die Sauce eine sämige Konsistenz bekommt.
Sauce abkühlen lassen.

Für die Rösti Kartoffeln raspeln, auf ein Handtuch schütten und darin
auspressen. Salzen, pfeffern und mit Muskat würzen. Die ausgedrückte
Kartoffelmasse in einer Mischung aus Sonnenblumenöl und Butter
zum Rösti ausbraten.

Die Rösti mit Matjes, der kalten Bananensauce und einem kleinen Salat
servieren. Dazu passt wunderbar ein Riesling .

Matjes mit Bananensauc

Stinte auf Rucolasalat

ZUTATEN:

STINTE, PRO PERSON MINDESTENS
6 BIS 8 STÜCK
ROGGENMEHL
BUTTER
RUCOLASALAT
TOMATENFLEISCH
OLIVENÖL
ZITRONENSAFT

Stinte ausnehmen, Kopf abschneiden und mit Wasser säubern. Dann mit
Küchenkrepp trocknen, salzen, pfeffern und in Roggenmehl wenden. In
Butter knusprig ausbraten, dabei ständig wenden und mit der Bratbutter
begießen.

Rucola säubern, trocknen und in mundgerechte Stücke zupfen, die feinen
Stiele ruhig mit verarbeiten. Tomaten häuten, entkernen und das
Fruchtfleisch würfeln. Mit dem Rucola vermengen und mit Olivenöl und
Zitronensaft würzen.

Salat auf Teller verteilen, die gebratenen Stinte darauf anrichten und mit
Sekt verputzen.

Fischfilet mit Kartoffelragout

ZUTATEN FÜR 4 PERSONEN:

4 FISCHFILETS,
SEELACHS, KABELJAU, DORSCH ODER
ROTBARSCH (À 120 BIS 140 G)
3 MITTELGROSSE KARTOFFELKNOLLEN
1 BUND FRÜHLINGSZWIEBELN
1 BECHER SÜSSE SAHNE (250 G)
0,25 L FLEISCHBRÜHE
SALZ
MUSKATNUSS

BUTTER
OLIVENÖL

PFANNE MIT HOHEM RAND UND DECKEL

Fischfilets nach eventuellen Gräten abtasten und salzen. Vor dem Dünsten die Sauce herstellen.

Kartoffeln schrubben, in Scheiben schneiden und in Olivenöl andünsten, salzen und die fein geschnittenen Frühlingszwiebeln dazugeben. Alles gut mit dem Olivenöl vermengen. Dann mit Sahne und Brühe ablöschen, mit Muskat würzen. Dieses Gemisch bei mittlerer Hitze etwa 8 bis 10 Minuten ohne Deckel köcheln lassen – die Kartoffeln sollten dann gar sein. Mit Butter abschmecken.

Nun etwas Olivenöl (1 EL) und Wasser auf den Boden der Pfanne geben, Hitze anschalten, alles einmal aufkochen lassen. Fischfilets darauf legen, bei geringer Hitze alles 4 bis 5 Minuten dampfen lassen. Verliert man zu viel Flüssigkeit, einfach etwas Wasser nachgießen.

Die gedämpften Fischfilets mit der Sauce servieren und mit einem Strahl Olivenöl krönen.

Die Sauce schmeckt übrigens auch zu Kotelett oder gebratenem Ei sehr lecker.

Schollenröllchen

Schollenröllchen

ZUTATEN FÜR 4 PERSONEN

4 SCHOLLEN, KÜCHENFERTIG
200 G LACHSFILET
16 SALBEIBLÄTTER
MEERSALZ
SCHWARZER PFEFFER
ZITRONENSAFT
OLIVENÖL

Schollen filieren, Filets von der Haut befreien. Wer sich das Filieren nicht zutraut, kauft fertige Schollenfilets (eine Scholle = 4 kleine Filets). Fertige Filets halbieren.

Das Lachsfleisch in daumengroße Stücke schneiden, mit einem Salbeiblatt auf ein Schollenfilet legen, salzen und pfeffern, dann aufrollen und zusammenstecken.

Die Röllchen in einer beschichteten Pfanne mit ausreichend Olivenöl bei mittlerer Hitze von allen Seiten höchstens 3 bis 4 Minuten dünsten – nie scharf anbraten – und ständig mit dem Olivenöl beträufeln. Zitronensaft am Ende der Garzeit dazugeben.

Mit Baguette und Winzersekt servieren.

Geräuchertes Forellenfilet auf Lauch-Sahne-Kartoffeln

ZUTATEN FÜR 4 PERSONEN:

4 GERÄUCHERTE FORELLENFILETS
4 GROSSE FEST KOCHENDE KARTOFFELKNOLLEN
1 STANGE LAUCH
1 BECHER SAHNE
SALZ, PFEFFER, MUSKAT
1 BUND PETERSILIE
BUTTER

Kartoffeln schälen und in Scheiben schneiden. In Salzwasser gar kochen und abgießen. Klein geschnittenen Lauch in Butter andünsten, Kartoffelscheiben hinzufügen, mit Sahne ablöschen und mit Salz, Pfeffer und Muskat würzen. Etwas Wasser dazugeben (einen halben Sahnebecher voll) und alles 2 bis 3 Minuten durchköcheln lassen.

Das Ganze mit Petersilie bestreuen, auf Teller verteilen und ein frisch geräuchertes Forellenfilet darauf legen.

Was gibt es Schöneres – und es ist dazu noch schnell zubereitet und preiswert!

Karpfen auf Wurzelgemüse

ZUTATEN FÜR 4 PERSONEN (ALS VORSPEISE):

1 KARPFEN (1 BIS 1,2 KG)
3 KAROTTEN
½ SELLERIEKNOLLE
3 ZWIEBELN
1 BUND PETERSILIE
½ FLASCHE WEISSWEIN, RIESLING TROCKEN
½ FLASCHE WASSER
3 BIS 4 EL WEISSWEINESSIG

SALZ, PFEFFER
BUTTER
FRISCHER MEERRETTICH

Einen frischen Karpfen vom Fischhändler filieren lassen – vorsichtig, die Haut bitte dran lassen. Diese Filets nach restlichen Gräten absuchen und in mundgerechte Stücke schneiden. Mit einer kleinen Pinzette lassen sich die Gräten gut herausziehen – etwas Fummelarbeit, aber wichtig.

Karotten, Sellerie und Zwiebeln in feine Streifen schneiden, Petersilie hacken. Alles in etwas Butter andünsten und mit einer Mischung aus Weißwein und Wasser ablöschen.

Karpfenstücke salzen, pfeffern und auf das Gemüse legen. Den Weißweinessig etwas erhitzen und über die Karpfenstücke gießen – die Haut färbt sich blau, das Gemüse bekommt einen schönen säuerlichen Ton. Nun alles mit Deckel 10 bis 12 Minuten kochen lassen. Die Karpfenstücke herausfischen, das Gemüse nochmals abschmecken. Butter dazugeben und mit den Karpfenstücken servieren.

Auf jeden Teller etwas Gemüse geben, Karpfenstücke darauf legen und alles mit frisch gehobeltem Meerrettich krönen. Wer möchte, legt noch kleine Salzkartoffeln dazu.

Idealer Begleiter: der Wein aus der Sauce, einen Riesling von der Mosel oder aus dem Rheingau.

Labskaus

ZUTATEN:

2 KG GEPÖKELTE RINDERBRUST
2 KAROTTEN
½ SELLERIEKNOLLE
8 ZWIEBELN
500 G ROTE BETE
JE 10 PFEFFERKÖRNER, KORIANDERKÖRNER
UND PIMENTKÖRNER
4 MATJESFILETS

6 GEWÜRZGURKEN
1½ KG KARTOFFELN, MEHLIG KOCHEND

EIER
ROLLMÖPSE

Gepökelte Rinderbrust beim Metzgermeister bestellen. Mit Sellerie, Karotten, Zwiebeln und den Gewürzen mindestens 2 Stunden köcheln lassen. Das Fleisch ist gar, wenn man mit einer Gabel problemlos und locker einstechen kann.

Fleisch aus der Brühe nehmen, Brühe durch ein Sieb gießen. Fleisch und alle Gemüse und Gewürzteile durch den Fleischwolf drehen. Die inzwischen gar gekochte Rote Bete, die Gewürzgurken und die Matjes auch durch den Wolf drehen. Gekochte Kartoffeln fein stampfen und mit der Fleisch-Gewürzmasse fein vermengen. Die Masse mit etwas Salz, Pfeffer und nach Geschmack mit Weißweinessig abschmecken, alles mit etwas Brühe aufgießen und vorsichtig erhitzen – dabei ständig rühren.

Nun noch die Eier braten und mit den Rollmöpsen zum Labskaus und einem Pils servieren.

Macht etwas Arbeit, schmeckt aber sehr lecker!

Geflügel

Janosh von Beöthy ist weit über Norddeutschlands Grenzen bekannt als der Geflügel- und Fleischspezialist der Extraklasse. „Ohne Janosh hätte ich nie diese legendären Nantaiser Enten verkostet, die zergehen geradezu auf der Zunge", erzählt Rainer Sass. Jetzt macht der gebürtige Ungar im eigenen Weinberg in Ungarn Weißwein. „Bestimmt zum Kräuterhuhn saulecker", sinniert Rainer Sass.

Geschnetzelte Gänsekeule

ZUTATEN FÜR 6 PERSONEN:

8 GÄNSEKEULEN
1 EL getrockneter Majoran
4 DOSENTOMATEN, OHNE SAFT
5 SCHALOTTEN, GEVIERTELT
400 G CHAMPIGNONS ROSÉ
1 BUND PETERSILIE
0,3 L TROCKENER WEISSWEIN, BEVORZUGT
CHARDONNAY

0,3 L WASSER
2 EL TROCKENER SHERRY
BUTTER
SONNENBLUMENÖL ZUM ANBRATEN
1 BECHER CRÈME FRAÎCHE (125 G)
1 EL WEISSWEINESSIG
ZITRONENSAFT
SALZ, PFEFFER

Fett von den Gänsekeulen entfernen. Fleisch vom Knochen trennen, salzen und pfeffern, in mundgerechte Stücke schneiden. Champignons – bevorzugt die Sorte Rosé verwenden – mit einem feuchten Tuch reinigen und in Scheiben schneiden. Schalotten schälen und vierteln. Tomaten vom Strunk befreien und den Saft abtropfen lassen.

Das Fleisch in einem Bräter in einem Gemisch aus Butter und Sonnenblumenöl anbraten, Champignons und Schalotten hinzufügen sowie die Tomaten. Mit Wein, Wasser und Sherry ablöschen und den Majoran dazugeben.

Alles bei geschlossenem Deckel 40 Minuten ganz leise köcheln lassen. Dann von der Herdplatte nehmen. Jetzt erst die Crème fraîche darunter rühren und mit Essig, Zitrone und Petersilie abschmecken.

Dazu schmecken Salzkartoffeln oder Kartoffelpüree.

Geschmorte Ente

ZUTATEN:

1 FLUG- ODER BAUERNENTE (1,5 KG)
1 DOSE TOMATEN (850 G), OHNE SAFT
VERARBEITEN
30 SCHWARZE OLIVEN MIT KERN
½ FLASCHE ROTWEIN, CHIANTI
¼ L WASSER
4 EL BALSAMESSIG

1 KRÄUTERSTRAUSS, BESTEHEND AUS
1 THYMIANSTRAUSS, 1 ROSMARINZWEIG,
½ GESCHÄLTE MÖHRE, 1 LORBEERBLATT

SALZ, PFEFFER
OLIVENÖL

Die Ente in 8 Teile zerlegen – 2 Keulen, 2 Flügel und die Brust mit Knochen in 4 Teile – alles salzen und pfeffern. In Olivenöl in einem schweren Bräter rundum goldbraun anbraten – sehr wichtig!

Dann mit Rotwein, Wasser und Balsamessig ablöschen, Kräuterstrauß und Tomaten dazugeben und alles bei geschlossenem Deckel im 200 Grad heißen Backofen 50 Minuten schmoren lassen. Falls zu viel Flüssigkeit während der Bratzeit verdunstet, einfach etwas Rotwein und Wasser nachgießen.

Die Ente mit Salzkartoffeln, Brot oder in Butter geschwenkten Bandnudeln servieren.

Wirsingroulade mit Putenfleisch

ZUTATEN:

1 WIRSING (1 BIS 1,2 KG)
350 G AUSGELÖSTES PUTENFLEISCH
2 GROSSE ZWIEBELN
2 KNOBLAUCHZEHEN
1 CHILISCHOTE, SCHARF
1 EI
2 TOASTBROTSCHEIBEN
1 L FLEISCHBRÜHE

1 STERNANIS
SALZ, PFEFFER
ZITRONE
BUTTER

Vom Wirsing die Blätter abtrennen und in kochendem Salzwasser 2 bis 3 Minuten blanchieren, abschrecken, abtrocknen und die groben Strünke herausschneiden.

Putenfleisch mit dem Hackmesser in winzig kleine Würfel hacken – nie durch den Fleischwolf drehen – salzen, pfeffern und mit der klein gehackten Zwiebel, dem Knoblauch, Ei und Chili vermengen. Nun noch das in Brühe eingeweichte Toastbrot dazugeben, wiederum gut vermengen. Mit dieser Farce die Kohlblätter füllen. Die Päckchen aufrollen und zu Rouladen binden. Zum Schmoren in einen Topf geben, mit Brühe aufgießen, Sternanis dazu und bei mittlerer Hitze 40 Minuten gar köcheln lassen. Sternanis und die Wirsingpäckchen aus der Brühe fischen, die Brühe mit Salz, Pfeffer, Zitrone und Butter abschmecken und mit den Wirsingpäckchen servieren.

Kräuterhuhn

ZUTATEN FÜR 4 PERSONEN:

1 POULARDE ODER FREILANDHUHN (1,2 BIS 1,5 KG)
SALZ, PFEFFER

FARCE:
2 BUND GLATTE PETERSILIE
1 BUND BASILIKUM
1 STREIFEN ORANGENSCHALE OHNE WEISSE
HAUT, 3 CM BREIT
1 STREIFEN ZITRONENSCHALE, 3 CM BREIT
20 PINIENKERNE

1 KNOBLAUCHZEHE
OLIVENÖL
1 SCHEIBE TOASTBROT

SAUCE:
1 BECHER JOGURT
1 BECHER CRÈME FRAÎCHE
1 TL SCHARFER SENF
1 EL OLIVENÖL
2 KNOBLAUCHZEHEN, DURCHGEPRESST

Huhn säubern, salzen und pfeffern. Flügelspitzen abschneiden, sie verbrennen sonst. Die Haut mit einem scharfen Messer vom Brustknochen lösen – bitte von der Flügelseite (geht leichter).

Für die Farce Kräuter, Schale, Knoblauch, Olivenöl und Pinienkerne in der Moulinette oder mit einem Stabmixer fein pürieren. Toastbrot in winzige Würfel schneiden, in Olivenöl knusprig braten und unter die Kräutermasse rühren. Kräutermasse unter die Haut schieben – vorher mit den Fingern die Haut etwas lösen – das geht problemlos, hört sich nur schwer an.

Ist das Huhn unter der Haut gefüllt, wird es in Form gebunden, in eine Form mit etwas Wasser gelegt und für 1 Stunde in den Backofen geschoben – die ersten 20 Minuten bei 200 Grad, dann bei 180 Grad. Während der Bratzeit den Vogel ständig mit dem Bratwasser und etwas Olivenöl bepinseln und auch immer etwas warmes Wasser nachgießen.

Für die Sauce einfach alle Zutaten verrühren, leicht erhitzen und zum Huhn servieren.

Etwas Arbeit, aber sehr lecker. Dazu passt Baguette und Champagner oder Winzersekt.

Feinstes Freilandgeflügel gibt es bei:
Janosh von Beöthy
Süderwesterseite 12
21775 Steinau
Tel.: 0 47 56/80 08

Huhn in Estragon

Huhn in Estragon

ZUTATEN FÜR 4 PERSONEN:

1 HUHN (1,2 BIS 1,5 KG), BEVORZUGT
SCHWARZFEDERHUHN
2 SCHALOTTEN, KLITZEKLEIN
3 EL ESTRAGONESSIG
¼ L HÜHNERBRÜHE
0,2 L WEISSWEIN, RIESLING
1 BECHER SÜSSE SAHNE
1 EL GEHACKTEN FRISCHEN ESTRAGON

FÜR DIE BINDUNG:
50 G BUTTER
30 G MEHL

Huhn wie folgt zerlegen: Keulen abtrennen und am Mittelgelenk teilen, von den Flügeln die Spitzen abschneiden und wegwerfen. Flügel ganz lassen. Brust mit Knochen abtrennen und in 4 Stücke teilen. So bekommt man 10 Stücke.

Hühnerteile salzen, pfeffern und in Butter rundum braun anbraten. Die Schalotten im Bräter glasig andünsten, mit Essig ablöschen und den Essig etwas einkochen lassen. Hühnerteile dazugeben, mit Weißwein und Hühnerbrühe ablöschen. Bei mittlerer Hitze und geschlossenem Deckel 35 bis 40 Minuten schmoren lassen. Die Hühnerteile müssen von der Flüssigkeit bedeckt sein, also eventuell etwas Brühe und Wein nachgießen.

Nach der Garzeit die Hühnerteile aus der Brühe fischen, Sahne aufgießen, alles etwas einkochen lassen und mit etwas Mehlbutter binden. Jetzt erst den frischen Estragon in die Sauce geben, die Hühnchenteile wieder dazu und noch etwas durchkochen lassen und dann servieren.

Wer möchte, würzt mit etwas Butter und Zitrone.

Ideale Beilage: Bandnudeln, mit schwarzen zerstoßenem Pfeffer gewürzt.

Pute mit Tunfischsauce

ZUTATEN FÜR 6 PERSONEN:

1 KG PUTENBRUST

2 EL OLIVENÖL

SALZ, SCHWARZER PFEFFER AUS DER MÜHLE

1 DOSE TUNFISCH (CA. 200 G)

SAFT VON ½ ZITRONE

1 EI

½ TASSE OLIVENÖL

1 EL TRAUBENKERNÖL

SALZ

1 PRISE ZUCKER

SCHWARZER PFEFFER AUS DER MÜHLE

6 FLEISCHTOMATEN

4 EL OLIVENÖL

SALZ, ZUCKER, PFEFFER

4 HART GEKOCHTE EIER

1 GLAS KLEINE KAPERN (30 G)

ZUM ANRICHTEN OLIVENÖL UND ZERSTOSSENER ROTER, SCHWARZER UND WEISSER PFEFFER

Das Fleisch kurz abspülen, trocken tupfen. In heißem Olivenöl auf dem Herd anbraten. Salzen, pfeffern und mit 1 Tasse Wasser ablöschen. Im vorgeheizten Backofen bei 180 Grad ca. 40 Minuten braten.

Tunfisch, Zitronensaft, das Ei und die Öle mit dem Stabmixer aufmixen, Sauce mit Salz, Zucker und Pfeffer abschmecken.

Tomaten mit dem Sparschäler abschälen, entkernen und in 1 Zentimeter große Würfel schneiden. Mit Salz, Zucker, Pfeffer und Olivenöl würzen. Eier schälen, grob hacken, Kapern unter das gehackte Ei mischen.

Fleisch aus dem Ofen nehmen, in Scheiben schneiden. Zusammen mit den gewürfelten Tomaten, dem gehacktem Ei und der Tunfischsauce anrichten. Nach Geschmack mit Olivenöl beträufeln und mit frisch zerstoßenem Pfeffer bestreuen.

Dazu passt Baguette.

Fleisch

Nomen est omen. „Enoteca Toscana" ist ein absoluter „Nicht-in-Italiener" und ein kulinarischer Geheimtipp in Hamburg. „Hier stehen die tollsten Flaschen der Stadt, und dazu essen wir dann auch die eine oder andere leckere Kleinigkeit", outet Rainer Sass das Restaurant. Da trifft sich der Genießer mit seinen eingeschworenen Weinfreunden zu legendären Proben.

Von links: Monika Barberi, Weinfreund Jürgen Borchers, Cavaliere Lieto Barberi, genannt „Papa", Kulturjournalist Michael Stitz, Rainer Sass, Wein-Enthusiast Hans Jürgen Senk und der Top-Winzer August Kesseler.

Grünkohlgemüse mit Schweinefilet oder Rotbarsch

Zutaten:

2 Schweinefilets (à 220 bis 250 g)
Pro Person 1 Tasse abblanchierten
Grünkohl
2 Schalotten
Salz, Pfeffer, Muskat
Butter
Butterschmalz zum Braten

Grünkohl nur frisch und wenn möglich unverpackt als „Strauchware" verarbeiten. Die Strünke entfernen und in kochendem Salzwasser 3 bis 4 Minuten abkochen (abblanchieren). Dann kalt abschrecken, ausdrücken und weiterverarbeiten. Schalotten klitzeklein schneiden und in Butter andünsten. Grünkohl in mundgerechte Stücke zupfen und zu den Schalotten geben. Alles zusammen 4 bis 5 Minuten gar köcheln lassen.

Dazu ein gebratenes Schweinefilet servieren. Wer noch Sauce möchte, rührt einfach aus Senf und Joghurt eine kleine Senfsauce.

Zutaten:

4 Rotbarschfilet
Pro Person 1 Tasse abblanchierten
Grünkohl
1 Becher Sahne
Butter, Salz, Pfeffer, Muskat

Den Grünkohl wie beschrieben verarbeiten, dann mit einem Messer klein hacken. Sahne in einen Topf geben und um ein Drittel einkochen lassen. Gehackten Grünkohl dazugeben, mit Salz, Pfeffer und Muskat würzen und alles 4 bis 5 Minuten köcheln lassen.

Mit einem in Butter gebratenen Stück Rotbarsch servieren.

Grünkohlsuppe

ZUTATEN:

1 BEUTEL FRISCHEN GRÜNKOHL
500 G WEISSE BOHNEN
1 KG KASSELERBAUCH
1 SUPPENBUND
FLEISCH VON 4 TOMATEN
1 ZWEIG FRISCHEN SALBEI
2 ANGEDRÜCKTE KNOBLAUCHZEHEN MIT SCHALE
OLIVENÖL

Grünkohl putzen und in kochendem Salzwasser 5 Minuten abblanchieren, dann kalt abschrecken und ausdrücken.

Bohnen mindestens 5 bis 6 Stunden in Wasser einweichen. Abgießen und mit Grünkohl, Kasseler, klein geschnittenem Suppenbund, Knoblauch und Salbei in einen Topf geben. Mit Wasser aufgießen und bei mittlerer Hitze köcheln lassen. Eventuellen Schaum abschöpfen. Die Suppe ist fertig, wenn die Bohnen gar sind, also etwa 1 Stunde kochen lassen. Kasseler herausfischen, in mundgerechte Stücke schneiden und mit dem Tomatenfleisch und einem Schuss Olivenöl zurück in den Topf geben. Alles nochmals durchkochen lassen, mit Salz und Pfeffer abschmecken und servieren.

Dazu schmecken knusprig gebratene Kartoffelwürfel: Einfach fest kochende Kartoffeln in Würfel schneiden, gar kochen und dann in Olivenöl knusprig braten.

Kürbis mit Schweinefilet

500 G PURES KÜRBISFLEISCH
600 G SCHWEINEFILET
2 KAROTTEN
1 WALNUSSGROSSES STÜCK INGWER
2 SCHARFE CHILISCHOTEN
2 ZWIEBELN
½ BUND PETERSILIE
½ L FLEISCHBRÜHE

2 EL WEISSWEINESSIG
1 EL ZUCKER
SALZ, PFEFFER

Kürbisfleisch und Zwiebeln in Streifen schneiden, Karotten in Scheiben. Chilischoten und Ingwer klitzeklein schneiden – wer es extrascharf liebt, verarbeitet die Chilikerne mit. Petersilie fein hacken.

Schweinefilet in Scheiben schneiden, salzen, pfeffern und in einer Pfanne in Sonnenblumenöl scharf anbraten. Ständig wenden und nach gut 2 Minuten aus der Pfanne oder dem Wok nehmen. Nun neues Fett in der Pfanne erhitzen und alle Gemüse, also Kürbis, Karotten, Zwiebeln, Chili und Ingwer unter ständigem Rühren ca. 4 Minuten braten, dann mit Brühe ablöschen und mit Weißweinessig und Zucker abschmecken. Das Schweinefilet wieder dazugeben, Petersilie darüber streuen und alles mit Reis servieren. Wer mag, nimmt asiatischen Duft- oder Basmatireis.

Der in Streifen geschnittene Kürbis hat eine relative kurze Garzeit – also lieber einmal probieren!

Lammeintopf

Zutaten für 4 bis 6 Personen:

4 Lammhaxen, tiefgekühlt
300 g weisse Bohnen
300 g grüne Bohnen
2 Karotten, in Scheiben
2 Zwiebeln, in Lamellen
1 TL getrockneter Thymian
1 TL getrockneter Rosmarin
1 Knoblauchknolle
1 Lorbeerblatt
1 Dose Tomaten (800 g)

½ l Brühe
½ Glas trockenen Weisswein
Olivenöl
Salz, Pfeffer

Für den Fond:
Knochen von Stelzen
1 Suppenbund
1 Zwiebel
Etwas Thymian, Rosmarin und Knoblauch

Weiße Bohnen über Nacht in Wasser einweichen. Fleisch von den Stelzen schneiden, Fett abtrennen, Fleisch würfeln.

Aus den Knochen mit einem geputzten Suppenbund, etwas Thymian, Rosmarin und Knoblauch einen Fond auskochen. Also alles mit Wasser bedeckt 2 Stunden köcheln lassen, durchsieben und fertig.

Nachdem der Fond ausgekocht ist, das Fleisch in Olivenöl anbraten, Zwiebeln, Karotten, grüne und weiße Bohnen und Tomaten dazu und mit Fond und Wein ablöschen. Alles kräftig salzen und pfeffern, Thymian, Rosmarin, Lorbeerblatt und als weitere Würze eine ganze halbierte Knoblauchknolle dazugeben. Mit geschlossenem Deckel bei 200 Grad Umluft für 2 Stunden in den Backofen schieben.

Dann mit Fladenbrot und Rotwein servieren. Wer möchte, würzt noch mit etwas Zitronensaft und frischem Olivenöl.

Von den Dosentomaten die groben Strünke und Kerne entfernen und ohne Saft verarbeiten.

Leberkäse auf Rucola

Leberkäse auf Rucola

ZUTATEN FÜR 4 PERSONEN:

2 BUND RUCOLA
4 SCHEIBEN LEBERKÄSE

VINAIGRETTE:

4 EL OLIVENÖL
3 EL OBSTESSIG (APFEL-, TOMATEN- ODER
WEISSWEINESSIG)

FLEISCH VON 4 TOMATEN
1 SCHALOTTE
PFEFFER
1 PRISE ZUCKER

Rucola waschen, trocknen und die groben Stiele entfernen.

Tomaten häuten und entkernen, Fruchtfleisch fein würfeln. Klein geschnittene Schalotte in eine Schale geben, mit Öl und Essig verrühren und mit zerstoßenem Pfeffer und einer Prise Zucker würzen.

Leberkäse in etwas Olivenöl in einer beschichteten Pfanne braten, auf dem Rucola platzieren und mit der Vinaigrette beträufeln.

Salat mit Rehrückenfilets

ZUTATEN 4 PERSONEN:

½ REHRÜCKEN
150 G BLAUSCHIMMELKÄSE, GORGONZOLA,
FOURME D'AMBERT ODER ROQUEFORT
BUTTER ZUM BRATEN
1 GRANATAPFEL
3 SCHEIBEN TOASTBROT, OHNE RINDE
SALATGEMISCH: FELD-, RUCOLA, EICHBLATT-
ODER FRISEE-SALAT, CHICORÉE

MARINADE:

2 EL WALNUSS- ODER HASELNUSSÖL
2 EL SONNENBLUMENÖL
4 EL ORANGENSAFT
2 EL SHERRYESSIG
SCHWARZER PFEFFER

Rehrücken-Filets vom Knochen trennen und in 2 Zentimeter dicke
Scheiben schneiden, salzen und pfeffern. Den Blauschimmelkäse in kleine
Würfel schneiden. Granatapfel anschneiden, dann durchbrechen und die
Kerne herausfummeln.

Den Salat waschen, trockenschleudern und in mundgerechte Stücke
schneiden. Blauschimmelkäse und Granatapfelkerne dazugeben. Zutaten
für die Marinade verrühren.

Jetzt die Filets in Butter von jeder Seite höchstens 2 Minuten braten.
In einer anderen Pfanne die Toastbrotwürfel rösten und dann beides zum
Salat geben. Nun die Marinade darüber und lauwarm servieren.

Den restlichen Salat in einem Plastikbeutel mit etwas Wasser im
Gemüsefach aufbewahren und später oder am nächsten Tag vielleicht nur
mit Toastbrot und Granatapfelkernen servieren.

Viel Spaß!

Sauerbraten

ZUTATEN:

1,2 KG RINDFLEISCH, AUS DER HÜFTE ODER
OBERSCHALE

MARINADE:
0,3 L ROTWEINESSIG, 1 TASSE ROTWEIN
1,0 L WASSER
5 WACHOLDERBEEREN, 10 SCHWARZE PFEFFER-
KÖRNER, 10 NELKEN, 1 LORBEERBLATT
1 SCHEIBE PUMPERNICKEL
SALZ, PFEFFER, BUTTER

1 EL FRUCHTGELEE, ORANGE ODER
GRANATAPFEL

BEILAGE:
500 G KAROTTEN
500 G SELLERIE
ZWIEBELN, PETERSILIE
SALZ, PFEFFER
BUTTER
KARTOFFELPÜREE

Karotten, Sellerie und Zwiebeln in gleich feine Stücke schneiden. Mit Gewürzen, Essig, Rotwein, Wasser 5 bis 6 Minuten durchkochen lassen, über das Fleisch gießen. Fleisch und Marinade entweder in einen Gefrierbeutel geben oder in eine Schüssel legen, das Fleisch muss bedeckt sein und soll mindestens 3 bis 4 Tage in der Marinade liegen. Täglich wenden.

Fleisch aus der Marinade nehmen, abtropfen lassen und in geklärter Butter von allen Seiten anbraten. Mit der Marinade begießen und etwas zerbröseltes Pumpernickel dazu. Etwas Rotwein angießen und im Backofen bei 260 Grad und geschlossenem Deckel mindestens 2 Stunden schmoren lassen. Hitze nach 30 Minuten auf 180 Grad runterschalten. Nach der Garzeit die Sauce durch ein Sieb passieren – Fleisch warm stellen – Sauce in einen Topf geben und mit Fruchtgelee abschmecken, salzen, pfeffern, mit Mehlbutter leicht binden. Das Fleisch wieder zur Sauce geben, alles noch mal durchköcheln lassen. Mit Karotten-Sellerie-Gemüse und Kartoffelbrei servieren.

So gelingt der Sauerbraten:
Der Braten muss während der Bratzeit gewendet werden, da er nie vollständig im Saucenfond liegt. Für die Bindung eine Mehlbutter aus 50 g Butter und 30 g Mehr herstellen.

Als Fruchtgelee eignen sich Orange, Quitte oder Granatapfel von der Fa. Grashoff sehr gut. Wer es saurer mag, erhöht den Rotweinessig-Anteil.

Zum Ausbraten geklärte Butter verwenden. Dazu Butter erhitzen und die weiße Molke abschöpfen. So verbrennt nichts beim Anbraten.

Schinkenfleckerl

ZUTATEN:

300 G BREITE BANDNUDELN ODER
LASAGNEBLÄTTER
½ JUNGER FRISCHER WEISSKOHL
¼ L GEFLÜGELBRÜHE
0,1 L TROCKENER WEISSWEIN
1 ZWIEBEL
1 KNOBLAUCHZEHE
3 DICKE SCHEIBEN GEKOCHTER SCHINKEN

BUTTER
KÜMMEL
1 BUND PETERSILIE

Den Weißkohl in mundgerechte breite Streifen schneiden, in Salzwasser 3 bis 4 Minuten abblanchieren, abschrecken und trockentupfen.

Nudeln kochen – entweder Bandnudeln oder Lasagneblätter verwenden, die nach dem Kochen in breite Streifen geschnitten werden. Wichtig: Nudeln und Weißkohl müssen unbedingt trocken sein!

Die Zwiebel und den gehackten Knoblauch in Butter andünsten, den Weißkohl dazugeben, etwas Zucker darüber streuen und leicht karamelisieren lassen. Dann mit Brühe und Wein ablöschen und bei kleiner Hitze 20 Minuten köcheln lassen. Mit Kümmel, Salz, Petersilie und Pfeffer abschmecken und servieren.

Ein tolles Nudelgericht aus Österreich, das im Urrezept überbacken wird. Ich belasse es beim langsamen Schmoren.

Unbedingt richtigen gekochten Schinken kaufen! Keine gepressten Kaufhausklumpen verarbeiten!

Schinkenfleckerl schmecken solo am besten mit einem trockenen Weißwein.

Kotelett mit Linsengemüs

Schweinekotelett mit Linsengemüse

Zutaten für 4 Personen:

300 g Linsen, Haushalts- oder feine
grüne Linsen LeRuy
1 Suppenbund
1 grosse Zwiebel
1 Chilischote
5 fest kochende Kartoffeln
¼ l Brühe
1 Bund Petersilie
Olivenöl
Mindestens 2 EL Balsamessig

Salz, Pfeffer, 1 Prise Zucker
Zitrone nach Geschmack

4 Schweinekoteletts aus kontrollierter
Haltung – Landjuwel oder Bio

Gewürzmischung:
je 1 TL getrockneter Thymian und
Rosmarin, 20 schwarze Pfefferkörner,
1 TL grobes Meersalz

Linsen in Wasser gar kochen; bitte ständig kontrollieren, denn alle
Linsen haben je nach Beschaffenheit (Alter, Größe) eine unterschiedliche
Garzeit. Nach dem Kochen kalt abschrecken und beiseite stellen.
Suppenbund putzen, Kartoffel schälen und beides fein würfeln. Zwiebel,
Chili und Petersilie fein hacken.

Zwiebel in Olivenöl andünsten, Suppenbund, vorgegarte Linsen,
Kartoffeln, Petersilie und Chili dazugeben, mit Brühe ablöschen, salzen,
pfeffern und mit geschlossenem Deckel gar kochen (6 bis 7 Minuten).
Zum Schluss mit Balsamessig, Salz und einer Prise Zucker abschmecken.
Wer möchte, würzt noch mit etwas Zitrone.

Gewürze im Mörser zerkleinern und über die Koteletts streuen. Koteletts
in Olivenöl von jeder Seite 5 bis 6 Minuten bei mittlerer Hitze braten.
Sehr wichtig: während des Bratens ständig mit dem Olivenöl beträufeln.

Die Koteletts mit dem Linsengemüse und einem frischen Riesling verputzen.

Das Linsengemüse schmeckt auch kalt, als Salat, mit etwas frischem
Olivenöl sehr lecker.

Schweinekotelett mit Kräuterkruste

ZUTATEN FÜR 4 PERSONEN:

4 SCHWEINEKOTELETTS MIT FILET, NORMAL
GESCHNITTEN

KRUSTE:
150 G BUTTER
2 EL TOASTBROT ODER SEMMELBRÖSEL
2 EL PARMESANKÄSE
1 KNOBLAUCHZEHE
1 TASSE KRÄUTER, FEST GEFÜLLT MIT
MINDESTENS 4 KRÄUTERSORTEN:
GLATTE PETERSILIE, THYMIANBLÄTTCHEN,
ROSMARINNADELN, SALBEIBLÄTTER

SALZ, PFEFFER
BUTTER UND SONNENBLUMENÖL ODER
OLIVENÖL ZUM BRATEN

BEILAGE:

5 FEST KOCHENDE KARTOFFELKNOLLEN
8 KAROTTEN
1 TASSE BRÜHE
1 TASSE SÜSSE SAHNE
MUSKAT, SALZ, PETERSILIE

Koteletts leicht salzen und pfeffern. Für die Kräuterkruste die gehackten Kräuter mit Semmelbrösel oder Toastbrotwürfeln, Parmesankäse, durchgepresster Knoblauchzehe und der zimmerwarmen Butter verkneten und leicht salzen.

Koteletts in Butter-Öl-Gemisch von beiden Seiten fast gar braten, je Seite mindestens 5 Minuten. Aus der Pfanne nehmen, mit Kruste bestreichen und für 4 bis 5 Minuten in den 180 Grad heißen Backofen mit Oberhitze-Grill schieben – auf die mittlere Schiene – Vorsichtig, verbrennt schnell!

Für die Beilage Kartoffeln und Karotten schälen, in Scheiben schneiden und in Sahne-Brühe-Mischung in einer flachen Pfanne ohne Deckel gar köcheln lassen. Mit Muskat, Salz und frischer Petersilie würzen. Bitte ohne Deckel dünsten, die Sahne-Brühe-Mischung zieht so in die Gemüse ein, und die Sauce wird schön sämig. Eventuell etwas Sahne und Brühe nachgießen, die Kartoffeln und Karotten nehmen die Flüssigkeit unterschiedlich auf.

Fertig überbackenes Kotelett mit Gemüse servieren. Dazu passt Rotwein, Weißwein oder Bier.

Schweinefilet in Orangensauce

Zutaten:

4 Schweinefilets (à 100 bis 120 g)
Saft einer Orange
Orangenfilets von 2 Orangen
1 Becher süße Sahne (250 g)
Cayennepfeffer, Salz
1 EL getrockneter Thymian
Butter

Für die Saucenbindung:
50 g Butter
30 g Mehl
Butter und Mehl fein zerkneten

Die Schweinefilets salzen und pfeffern. In einer Pfanne in Butter scharf anbraten, dann von jeder Seite 4 Minuten bei mittlerer Hitze braten. Dabei mit der Butter ständig begießen. Filets aus der Pfanne nehmen, Fett abgießen und Bratenansatz mit Orangensaft ablöschen. Ausgelöste Orangenfilets hinzufügen, Sahne angießen und alles bei kleinster Hitze köcheln lassen. Nun die Filets wieder dazugeben, mit Cayennepfeffer und getrocknetem Thymian würzen und die Sahne eventuell mit etwas Mehlbutter binden.

Filets mit Bandnudeln oder frischem Baguette servieren.

Schweinenackensteak aus dem Ofen

ZUTATEN:

4 SCHWEINENACKENSTEAKS, (À 220 BIS 250 G)
2 EL OLIVENÖL
2 TL GETROCKNETER THYMIAN
1 TL GETROCKNETER ROSMARIN
ZERSTOSSENER SCHWARZER PFEFFER ODER
GROBER AUS DER MÜHLE
MEERSALZ
2 GROSSE ZWIEBELN

2 ROTE ZWIEBELN
2 SCHALOTTEN
PETERSILIE
½ TL ZUCKER
½ TASSE TROCKENER WEISSWEIN
3 EL WEISSWEINESSIG,
PFEFFER, BUTTER/ OLIVENÖL
OLIVENÖL ZUM BRATEN

Schweinenackensteaks ohne Knochen vom Metzgermeister in 220 bis 250 g große Stücke schneiden lassen. Mit 2 EL Olivenöl, Thymian, Rosmarin, Pfeffer und Meersalz marinieren, mit Folie abdecken und 1 Stunde durchziehen lassen.

Steaks dann in Olivenöl von jeder Seite kräftig anbraten, danach auf ein Backblech legen und für 15 Minuten in den auf 200 Grad vorgeheizten Backofen schieben.

Die Zwiebeln in Lamellen zerteilen, dann in Butter und Olivenöl andünsten. Wein, Essig, Pfeffer, Zucker und Petersilie dazugeben und 10 bis 12 Minuten langsam köcheln lassen.

Steaks aus dem Ofen nehmen und mit einem Strahl Olivenöl auf den Teller geben und mit dem köstlichen Zwiebelgemüse servieren.

Lammhaxen

ZUTATEN FÜR 4 PERSONEN:

4 LAMMHAXEN
3 KAROTTEN
200 G KNOLLENSELLERIE
1 STANGE LAUCH
1 ZWIEBEL, 4 DOSENTOMATEN, OHNE SAFT
(ODER 1 KLEINE DOSE)
MINDESTENS 4 KNOBLAUCHZEHEN

JE ½ TL GETROCKNETER THYMIAN U. ROSMARIN
0,2 L WEISSWEIN, CHARDONNAY (KEIN
RIESLING)
0,3 L WASSER
SALZ, PFEFFER, OLIVENÖL
1 TL TOMATENMARK
ZITRONE

Lammhaxen vom groben Fett befreien, salzen, pfeffern und rundum in Olivenöl anbraten. Haxen kurz aus dem Topf nehmen, klein geschnittenes Suppenbund, Tomaten ohne Strünke, Zwiebel, Knoblauch, Thymian und Rosmarin dazugeben, leicht andünsten, eventuell noch etwas mehr Olivenöl nehmen. Mit Wein und Wasser ablöschen, Haxen zurück in den Topf legen. Mit Deckel verschließen und für 2,5 Stunden in den 180 Grad heißen Backofen geben.

Während der Schmorzeit die Haxen ständig kontrollieren. Geht zu viel Flüssigkeit verloren, etwas Wein oder Wasser angießen. Nach der Schmorzeit den Schmorsaft durch ein Sieb passieren. Mit Tomatenmark leicht binden, etwas salzen, pfeffern und mit Zitrone würzen, aber nur einen Hauch!

Die Haxen mit Sauce, Fladenbrot oder Bohnen und Kartoffelpüree servieren.

Lamm aus dem Wok

ZUTATEN FÜR 4 PERSONEN:

400 G LAMMLACHSE – AUSGELÖSTER
LAMMRÜCKEN
TRAUBENKERNÖL, ERSATZWEISE
SONNENBLUMENÖL
2 SCHALOTTEN
MIND. 2 KNOBLAUCHZEHEN, DURCHGEPRESST
1 CHILISCHOTE, SCHARF
2 EL SOJASAUCE
1 TASSE FLEISCHBRÜHE

GEMÜSE: IN FEINE STREIFEN GESCHNITTEN
MINDESTENS 3 SORTEN, SONST NACH WAHL
UND ANGEBOT
KAROTTEN, IN SCHEIBEN GEHOBELT
ZUCKERSCHOTEN

ZUCCHINI IN STREIFEN, KERNTEILE ENTFERNEN
CHAMPIGNONS ROSÉ ODER WEISS, IN FEINEN
STREIFEN
SALZ, PFEFFER
ZUCKER

BEILAGE:
2 TASSEN COUSCOUS (FERTIG-COUSCOUS),
KOCHZEIT 7 BIS 8 MINUTEN AUCH GUT
2 TASSEN BRÜHE
SCHALE VON EINER ZITRONE UND EINER
ORANGE
SALZ
PETERSILIE
3 EL BUTTER

Die Lammlachse von Häuten und Sehnen befreien und in feine Streifen schneiden. Gemüse putzen, Champignons mit feuchtem Tuch reinigen. Von den Zucchini das weiche Kernfleisch entfernen, Karotten fein hobeln. Mit weiteren Gemüsesorten genauso verfahren (Frühlingszwiebeln, grüner Spargel oder Paprika). Chili, Knoblauch und Schalotten in feinste Würfel schneiden.

Für den Couscous Zitronen- und Orangenschale mit einem scharfen Messer von den Früchten entfernen oder Streifen abziehen und fein hacken. Petersilie auch fein hacken. Couscous mit Brühe aufsetzen, salzen und quellen lassen. Dann mit Orangen-, Zitronenschale und Petersilie würzen und mit Butter abschmecken.

Braten im Wok oder einer hohen Pfanne:
Traubenkernöl erhitzen, Chili, Schalotten, Knoblauch und Fleisch dazugeben, salzen und pfeffern, leicht zuckern. Ständig bewegen – Gemüse darin immer weiter bewegen. Dann Sojasauce und Brühe dazu und fertig. Mit Couscous servieren.

Desserts

Der Koch und Gastronom Christian Schmidt vom Restaurant „Knechthausen" in Stade ist Rainer Sass' kulinarischer Zufluchtsort und nächster Gesprächspartner. „Wir können herrlich streiten, zum Beispiel, ob die Birnensorte ‚Klaps Liebling' oder doch die Williamsbirne für die Tarte besser ist, und dann gemeinsam genießen."

Birnen-Tarte

Zutaten:

4 grosse Birnen (Abate, Klaps Liebling
oder Williams)
300 g Mehl
1 Ei
1 EL Zucker
200 g eiskalte Butter
Prise Salz
200 g Marzipan-Rohmasse
100 g gehackte Mandeln

2 EL Honig, bevorzugt Lavendel
Zitrone

Aus Mehl, Ei, Zucker, eiskalter Butter und einer Prise Salz einen homogenen Teig kneten. Die Zutaten müssen sich gut verbinden. Bitte mit den Händen kneten! In Frischhaltefolie eingepackt für 20 Minuten in den Kühlschrank stellen. Birnen schälen, entkernen, in Scheiben schneiden und mit etwas Zitronensaft beträufeln. Teig und Marzipanmasse ausrollen (nicht gerade einfach) und in eine Tarte-Form legen – erst den Teig, dann das Marzipan – logisch. Nun die Birnen darauf legen, die Mandeln mit etwas Butter andünsten, Honig dazugeben und über die Birnen verteilen. Für 15 bis 20 Minuten in den 250 Grad heißen Backofen schieben. Vorsicht: Die Mandeln verbrennen schnell, also gut zwischen die Birnen verteilen.

Lauwarm mit Champagner oder Winzersekt servieren und vielleicht etwas kalte Crème fraîche dazu reichen.

Gebackene Birne

ZUTATEN FÜR 6 HALBE BIRNEN:

3 BIRNEN (BÜRGERMEISTER, CONFERENZ ODER
WILLIAMS)
1 PACKUNG BLÄTTERTEIG, TIEFGEFROREN
100 G BLAUSCHIMMELKÄSE, BEVORZUGT
ROQUEFORT
ETWAS HONIG
1 EL GEHACKTE MANDELN
PREISELBEERGELEE

Birnen schälen, halbieren, entkernen und den Strunk entfernen, dann vom Stielansatz aus in Fächer schneiden. Die Höhle vom Kerngehäuse mit Blauschimmelkäse füllen und auf den ausgerollten Blätterteig legen. Mit einem Rand von 2 Zentimetern in Form der Birne ausschneiden. Die Birne mit Honig bestreichen und mit Mandeln bestreuen. Für 15 bis 20 Minuten in den auf 200 Grad vorgeheizten Backofen schieben – bis alles eine schöne Farbe angenommen hat.

Mit Preiselbeer- oder Fruchtgelee servieren. Idealer Begleiter ist ein italienischer Süßwein, „Vinsanto", oder eine Riesling-Auslese aus dem Rheingau.

Geschmorte Früchte

Zutaten:

200 g Backpflaumen
3 Orangen, geschält, enthäutet und in
Scheiben geschnitten
3 Äpfel und
3 Birnen, entkernt, geschält, geviertelt
50 g Zucker
1 Flasche Rotwein (Chianti, Côte du
Rhône)

Die Früchte – zuerst die Backpflaumen, dann die Orangen, Apfel und
Birnen – in einen Topf oder Bräter schichten. Mit Zucker bestreuen und
mit Rotwein begießen, sodass alle Früchte bedeckt sind. Alles 1 Stunde
in den 180 Grad heißen Ofen stellen, zuerst mit Deckel, die letzten
20 Minuten ohne.

Mit Eis oder Crêpes servieren – köstlich!

Grießflammeri

ZUTATEN:

3 EIER
¾ L MILCH
PRISE SALZ
70 G ZUCKER
150 G GRIESS
ZITRONE

Eier trennen, Eiweiß zu steifem Schnee schlagen. Milch mit Salz und Zucker zum Kochen bringen. Grieß unter Rühren einstreuen und kurz quellen lassen. Eigelb verquirlen und sofort unter den Grieß rühren. Eischnee locker unter den heißen Brei ziehen. Grießflammeri in mit kaltem Wasser ausgespülte Portionsförmchen füllen und kalt stellen. Zum Servieren stürzen.

Reicht für 4 bis 6 Portionsförmchen, je nach Größe.

Wer möchte, gibt noch abgeriebene Zitronenschale dazu.

Topfenpalatschinken

Topfenpalatschinken

Zutaten für 4 bis 6 Palatschinken:

Teig:
3 Eier
150 g Mehl
¼ l Milch
1 EL Zucker
1 Prise Backpulver
Butter zum Ausbacken

Quarkcreme:
250 g Magerquark
100 g Rosinen

2 Schnapsgläser Rum
1 Vanilleschote
Schale von ½ Zitrone
2 EL Zucker
2 Eigelb

Sauce:
1 Becher Crème fraîche (125 g)
40 g gehackte Mandeln
1 Schnapsglas Amaretto

Aus Eiern, Mehl, Milch, Zucker und Backpulver einen geschmeidigen Teig rühren und 20 Minuten ruhen lassen.

Für die Quarkmasse Eier mit Zucker verrühren, Quark, Vanilleschote, Zitronenschale, die abgewaschenen, in Rum eingeweichten Rosinen dazugeben und alles verrühren.

Die Sauce ist kinderleicht, aber vorsichtig, sie darf nicht stark kochen. Dazu gehackte Mandeln in Butter andünsten, leicht braun werden lassen, mit Amaretto ablöschen, leicht verrühren und Crème fraîche dazugeben. Alles leicht köcheln lassen.

Pfannkuchen in Butter goldgelb ausbacken, mit Quarkmasse füllen, entweder aufrollen oder falten und mit Sauce begießen. Zum Schluss etwas Puderzucker dazu.

Schokopudding

100 G SCHOKOLADE, BEVORZUGT
BITTERSCHOKOLADE MIT MINDESTENS 70%
KAKAOANTEIL
6 EIGELBE
6 EIWEISSE
100 G ZUCKER
50 G SEMMELBRÖSEL
100 G GEHACKTE MANDELN

SCHALE EINER ORANGE ODER
MARK VON 1 VANILLESCHOTE
2 MESSERSPITZEN MEHL
BUTTER ZUM EINSTREICHEN DER FORM
LEICHT ANGESCHLAGENE SÜSSE SAHNE
FÜR EINE 1,2-L-FORM ODER 10 FÖRMCHEN

Schokolade im Wasserbad schmelzen. Eigelb, die Hälfte des Zuckers und die Orangenschale oder das Vanillemark dazugeben und alles kräftig schaumig rühren. Eiweiß mit restlichem Zucker steif schlagen. Die Hälfte des Eiweißes mit den Mandeln, Semmelbröseln und Mehl unter die Eigelbmasse geben und gut verrühren. Das restliche Eiweiß vorsichtig unterheben.

Die Form oder die Förmchen ausbuttern und leicht auszuckern. Dann die Masse in die Form füllen und bei 170 Grad in den Backofen stellen – im Wasserbad 50 Minuten garen lassen. Die Form sollte mindestens zur Hälfte im Wasser stehen. Bei der großen Form benötigen Sie also einen großen Topf als Wasserbad. Garzeit bei den Portionsförmen: 20 Minuten! Schokopudding nach der Garzeit aus dem Ofen nehmen, 5 Minuten ruhen lassen und dann stürzen. Die süße Sahne leicht anschlagen und dann mit dem Pudding servieren.

Wählt man als Aromastoff Orangenschale, schmecken Orangenfilets als Beilage sehr gut.

Viel Spaß beim etwas anderen Pudding, er ist fester und gehaltvoller als die handelsüblichen Puddingversionen, die meistens aus Puddingpulver bestehen.

Kalt schmeckt er fast wie ein leichter Schokokuchen – viel Spaß.

Melonensalat

Melonensalat mit Joghurt-Mousse

ZUTATEN:

4 SORTEN MELONEN, JE 1 NETZ-, HONIG-,
TÜRKISCHE MELONE UND ½ WASSERMELONE
0,7 L ORANGENSAFT
1 BUND MINZE

Die Melonen in feine Streifen schneiden, in eine Schüssel geben und gut durchmischen.

Orangensaft in einem Topf bei großer Hitze um die Hälfte reduzieren. Dann auskühlen lassen und mit einem Bund gehackter Minze unter die Melonenstreifen geben. Erneut durchmischen und mindestens 1 Stunde durchziehen lassen.

Mit Joghurt-Mousse servieren.

Advents-Parfait

ZUTATEN FÜR 10 BIS 12 PORTIONSFÖRMCHEN:

3 EIER
3 EIGELBE
200 G ZUCKER
3 SCHNAPSGLÄSER MILCH
100 G ROSINEN
100 G ORANGEAT
100 G GEHACKTE MANDELN
¾ L SAURE SAHNE

1 TL LEBKUCHENGEWÜRZ
(STAESZ-PFEFFERKUCHENGEWÜRZ)
PUDERZUCKER
GEMISCHTE FRÜCHTE, GEFROREN

Zucker im Stieltopf ohne Fett schmelzen lassen, dabei ständig rühren, sodass eine goldbraune karamelisierte Masse entsteht. Masse von der Platte nehmen und die Milch dazugießen. So lange bei mittlerer Hitze kochen lassen, bis eine Karamelmilch entsteht. Eigelb und Eier über einem Wasserbad schaumig rühren, danach die Karamelmilch dazugießen und alles schaumig aufschlagen. Danach die Masse kalt schlagen – dazu die Schüssel auf Eis oder in kaltes Wasser stellen. In diese ausge- kühlte Masse kommen Rosinen, Orangeat, Mandeln, Lebkuchengewürz und die steif geschlagene ungesüßte Sahne. Alles locker vermengen, dann in kleine Portionsförmchen oder in eine große Pastetenform füllen. Mit Alufolie abdecken und für 8 Stunden in den Gefrierschrank stellen.

Die Förmchen ganz kurz in heißes Wasser stellen, dann stürzen und mit durchpassierten Früchten und Puderzucker servieren. Dazu einfach gefrorene Früchte ungezuckert mit dem Stabmixer pürieren und durch ein Sieb passieren – fertig.

Advents-Parfait

Unterwegs und draußen

Hier fühlt sich der ausgewiesene Flachland-
Italiener zu Hause. „Andere fahren in die Toskana
und nach Paris oder brauchen zwei Wochen
Siesta auf Mallorca; ich bekomme meinen klaren
Kopf im Moor." Geheimrezept in null Komma
nichts vom Fernsehkoch.

Hähnchen-Sandwich

ZUTATEN FÜR 4 SANDWICHES:

2 HÄHNBRUSTFILETS	CREVETTENBUTTER:
4 SCHEIBEN FRÜHSTÜCKSSPECK	150 G NORDSEECREVETTEN ODER SCAMPIS
2 TOMATEN	100 G BUTTER, HAND- ODER ZIMMERWARM
SALATBLÄTTER, EISBERG- ODER KOPFSALAT	2 KNOBLAUCHZEHEN
8 TOAST- ODER GRAUBROTSCHEIBEN	½ BUND PETERSILIE, FEIN GEHACKT

Für die Crevettenbutter die Crevetten oder Scampis vom Darm befreien und im Mixer oder Moulinette mit Knoblauch nicht zu fein mixen. Diese Masse unter die Butter rühren und mit Petersilie würzen.

Hähnchenbrustfilets salzen, pfeffern und in Olivenöl in einer beschichteten Pfanne von jeder Seite 4 bis 5 Minuten braten. Leicht auskühlen lassen und in Scheiben schneiden. Frühstücksspeck oder Schinkenspeck in der Pfanne ohne Fett knusprig braten. Nun Toast- oder Graubrot mit der Crevettenbutter bestreichen, dann Salat, Hähnchenfleisch, Speck und Tomatenscheiben dazu, alles zusammenklappen und verputzen. Wer möchte, toastet das Brot vorher oder röstet es in einer Pfanne oder Grillpfanne vorher an – dann allerdings etwas auskühlen lassen, weil sonst die Butter zerläuft.

Hier noch die Rezeptur für meinen SOMMER-DRINK:

1 HONIG- ODER NETZMELONE
2 KIWIS, GESCHÄLT
½ TASSE RIESLING
6 BIS 8 EISWÜRFEL

Einfach alle Zutaten in einen Mixer geben und dann ab in die Thermoskanne – der ideale Picknickbegleiter.

Die Sandwiches sind für Picknick- oder Fahrradtouren natürlich ideal – viel Spaß.

Grillspieße

GEMÜSESPIESS

FENCHEL
FEST KOCHENDE KARTOFFELN
CHAMPIGNONS
AUBERGINEN
ZUCCHINI

Kartoffeln schälen, in große Stücke schneiden und bissig gar kochen. Den Fenchel halbieren, mittleren harten Strunk entfernen, die Ansätze mit dem Grün abschneiden und in große Stücke teilen. Champignons vom Stiel befreien, mit feuchtem Tuch reinigen und kurz in Olivenöl anbraten (2 bis 3 Minuten), leicht salzen. Wer mag, würzt mit etwas Zitrone. Auberginen und Zucchinis waschen, Blütenansatz abschneiden, mit Schale in große Würfel schneiden. Alle Gemüsesorten nacheinander aufspießen.

FISCHSPIESS

LACHSFILET
FRÜHLINGSZWIEBEL
FRISCHE ANANAS
ZUCCHINI
CAYENNEPFEFFER

Eventuell Haut vom Lachs entfernen, nach Gräten absuchen und in große, aber dennoch mundgerechte Stücke schneiden. Ananas vierteln, Mittelstrunk herausschneiden, Schale entfernen und würfeln. Frühlingszwiebel in mundgerechte Stücke schneiden. Von der Zucchini den Blütenansatz entfernen, waschen und zerteilen. Alles aufspießen, mit Salz und Cayennepfeffer würzen.

FLEISCHSPIESS

PUTENBRUSTFILET
BRATWURST
GEMÜSEZWIEBEL
PAPRIKASCHOTE, ROT, GELB ODER GRÜN
CHILISCHOTE, SCHARF

Zwiebel schälen, halbieren und in Lamellen teilen. Paprika in große Stücke teilen, Chilischote halbieren, Kerne entfernen. Putenbrustfilet und Bratwurst in große Stücke schneiden. Alles aufspießen und salzen. Verwenden Sie ruhig 2 oder 3 Sorten Bratwurst.

Alle Spieße auf glühender Kohle grillen. Vorsichtig wenden, das gilt besonders für die Fischspieße, und ständig mit Olivenöl bestreichen.

Bauernsalat mit Fladenbro

Tunfisch-Sandwich 1

ZUTATEN:

TOASTBROTSCHEIBEN
EISBERGSALAT
OLIVENÖL, WEISSWEINESSIG
DOSENTUNFISCH
HART GEKOCHTE EIER
GRÜNE GURKE

SAUCE:
1 BECHER JOGHURT (150 G)
2 EL SALATMAJONÄSE
1 TL SENF, MITTELSCHARF
1 PRISE SALZ UND ZUCKER

Eier hart kochen, Eisbergsalat waschen, trocknen und in mundgerechte Stücke zupfen, etwas mit Olivenöl und Essig anmachen, damit er nicht zu trocken schmeckt. Tunfisch im Sieb abtropfen lassen. Grüne Gurke waschen, halbieren, die Kerne entfernen, in Scheiben schneiden und leicht salzen.

Für die Sauce Joghurt, Majo, Senf mit einer Prise Zucker und Salz verrühren. Damit die Toastbrotscheiben einstreichen, mit Salat, Tunfisch, Ei und Gurke belegen und zum Sandwich zusammenklappen.

Wer möchte, toastet das Brot kurz an.

Möglichst Tunfisch in Olivenöl verwenden. Tunfisch in Pflanzenöl oder mit Gemüse ist immer von schlechterer Qualität.

Gefülltes Fladenbrot

Zutaten:

1 Fladenbrot
1 Bund Rucola
200 g Schafskäse
4 bis 5 Tomaten, in Scheiben

100 g weiche Butter
4 EL Olivenöl
mindestens 4 durchgepresste
Knoblauchzehen

Fladenbrot mit einem Messer längs halbieren. Aus weicher Butter, Olivenöl und Knoblauch eine schnelle Kräuterbutter kneten, damit das Brot bestreichen. Nun gesäuberten und gezupften Rucola darauf legen, in feine Würfel geschnittenen Schafskäse dazu und mit Tomaten belegen. Den Fladenbrotdeckel jetzt darauf drücken und alles bei 180 Grad 15 Minuten im Backofen backen lassen.

Der Käse verläuft leicht, Knoblauch und Olivenöl duften. Alles in Portionsstückchen geschnitten – schmeckt tierisch lecker!

Dazu passt ein trockener Weißwein sehr gut.

Bauernsalat mit geröstetem Fladenbrot

Zutaten:

Rucola
Tomaten
Milde Chilischoten, hellgrün
Schwarze Oliven

Marinade aus Balsamessig und Olivenöl
zu gleichen Teilen und zerstossenem
schwarzem Pfeffer

Salat anrichten – Menge und Zutaten nach Wunsch. Mit der Marinade beträufeln und mit in Olivenöl geröstetem Fladenbrot servieren.

Sandwich

Tunfisch-Sandwich 2

ZUTATEN FÜR 4 SANDWICHES:

1 DOSE TUNFISCH IN OLIVENÖL
1 FENCHELKNOLLE
1 EL SENF, MITTELSCHARF
3 EL OLIVENÖL
SAFT VON 1 ZITRONE
½ FRISCHE ANANAS, IN FEINEN SCHEIBEN
RUCOLA, GESÄUBERT UND GEZUPFT
TOAST ODER BAUERNBROT

KRÄUTERBUTTER:
1 PACKUNG BUTTER, ZIMMERWARM
2 KNOBLAUCHZEHEN
2 SCHALOTTEN, KLITZEKLEIN GEWÜRFELT
JE 1 EL FRISCHEN THYMIAN, ROSMARIN,
BASILIKUM, KERBEL, PETERSILIE

Aus den Kräutern, der weichen Butter, den angedünsteten Schalotten und dem durchgepressten Knoblauch eine Butter kneten.

Den Fenchel wie folgt marinieren: Fenchelknolle vom groben Mittelstrunk befreien, in feine Scheiben hobeln, das Grün fein hacken und in eine Schüssel geben. Öl, Senf und Zitronensaft dazu und alles gut vermengen – am besten mit den Händen.

Tunfisch aus der Dose nehmen und abtropfen lassen. Rucola waschen, trocknen und in mundgerechte Stücke zupfen. Die frische Ananas von Strunk und Ende befreien, dann vierteln, Fruchtfleisch auslösen, harten Strunk entfernen und in feine Streifen schneiden.

Nun noch das Sandwich anrichten: Toast oder Bauernbrot mit Kräuterbutter bestreichen, Salat, Fenchel und Tunfisch darauf, mit Ananas krönen und zusammenklappen. Köstlich – leider nicht ganz billig.

Wer möchte, toastet das Brot vorher oder röstet es in einer Pfanne oder Grillpfanne an.

Döner aus dem Ofen

ZUTATEN FÜR 4 PERSONEN:

1 LAMMSCHULTER (2,2 BIS 2,5 KG)
1 GROSSE GEMÜSEZWIEBEL
1 BECHER TÜRKISCHER JOGHURT
FLADENBROT
MINDESTENS 3 SALATSORTEN NACH SAISON
UND ANGEBOT

GEWÜRZMISCHUNG:
1 EL PAPRIKA, GESCHROTET
1 EL SCHWARZER PFEFFER
1 EL MEERSALZ
2 KLEINE CHILISCHOTEN
MINDESTENS 2 KNOBLAUCHZEHEN
OLIVENÖL
WEISSWEINESSIG

Lammschulter vom Fett befreien, Fleisch von den Knochen lösen und in feine Streifen schneiden. Aus den Schulterknochen lässt sich mit einem Suppenbund ein guter Lammfond kochen.

Paprika, Pfeffer, Salz, Knoblauch und Chilischote im Mörser zerkleinern, damit das Fleisch würzen. Wer keinen Mörser hat, nimmt gemahlenen Pfeffer mit Salz und schneidet Chilischote und Knoblauch klitzeklein.

Backofen auf 200 Grad vorheizen. Fleisch in den Ofen geben, gut vermengen und nach 10 Minuten die Zwiebel dazugeben. Nun den Oberflächengrill dazu schalten und alles mindestens 40 Minuten schmoren lassen, dabei ständig wenden. Lammschulter hat eine unterschiedliche Garzeit, also unbedingt die Garprobe machen.

Den Salat säubern, trocknen, mit Öl und Essig marinieren. Das Fladenbrot leicht erwärmen, dann wie folgt servieren: Fladenbrot einschneiden, Salat dazu, Fleisch hinein, ein Löffel Joghurt und verputzen. Oder das Fleisch mit Joghurt auf einen Teller geben – Salat und Brot dazu.

„Nehmt meinen Dank, ihr holden Gönner", singt der Klassik-Fan mit der Sopranistin Christine Schäfer. Wenn die wüsste ... So werden die vielen berufsbedingten Autotouren zur privaten Opernprobe für Rainer Sass. Und wir wissen: Singen macht gute Laune.

Master Sommelier Hendrik Thoma aus „Jacobs Restaurant" im legendären Hotel Jacob an Hamburgs feiner Elbchaussee ist für Rainer Sass der absolute Weinexperte.
„Sommeliers wie Thoma – davon gibt es in Deutschland höchstens zehn. Wenn ich etwas lernen kann – dann von ihm", verkündet der kritische Weintrinker Rainer Sass.

Das hat Seltenheitswert: der Fernsehkoch und Versicherungsagent ganz oben über Hamburgs Dächern. „Ohne die Zürich-Agrippina würde es mich als öffentlich-rechtlichen Feinschmecker nicht geben", sagt der Fernsehkoch Rainer Sass, „die haben mir den finanziellen Spielraum für meine Gourmet-Mission gegeben."

„Alles voller Fisch – das muss man sich mal vorstellen. Da unten schwimmen Saiblinge, Bachforellen und Lachse", schwärmt Rainer Sass. Das Ehepaar Pöpke aus Hemmoor ist Herr über einen der tiefsten Baggerseen Deutschlands. Hier profitieren die Fische vom klaren, kalten und vor allem tiefen Wasser. Und der Fernsehkoch freut sich.

„Früher war das schon eine Mutprobe mit dem Einkaufen, aber jetzt ..." Rainer Sass mit Frank Meibohm, Lebensmittelfachmann bei Karstadt in Stade. „Wir haben uns gegenseitig richtig hochgepusht, die sind mir jetzt manchmal voraus. So kann ich meine Predigt von der besten Qualität mit Überzeugung halten. Das gilt für heimischen Weißkohl genauso wie für exotische Bambussprossen – eben frisch, frisch, frisch – und vor allem nach der Jahreszeit kochen ..."

Wenn sich der Fernsehkoch ganz klammheimlich nach Süden davonmacht, dann finden ihn Eingeweihte bei Grasshoff in Bremen. „Hier geht mir das Herz auf – diese Theke mit den selbst gemachten Salaten und dann die Marmeladen ... Außerdem bekomme ich den besten Kabeljau in Senfsoße – feinste Küche aus bodenständigen Zutaten, das gefällt mir." Hier mit seinen Mitstreitern in Sachen Qualität: Chef de Cuisine Rüdiger König (links) und Inhaber Jürgen D. Schmidt (rechts) vor der legendären Bildersammlung der Feinschmeckerbastion im Norden.

Impressum

Artfound Hamburg
Ulmenstraße 23
22299 Hamburg

Konzeption:	Rainer Sass, Olaf Gollnek
Rezepte und Texte:	Rainer Sass
Alle Fotos:	Olaf Gollnek
Layout:	Artfound, Jasmin Greskowiak, Kirsten Behrens
	Assistenz: Angela Witte
Produktion:	Artfound, Roman Hochstöger
Litho:	Winkelhaken DTP Hamburg
Druck:	Jütte Druck Leipzig
Lektorat:	Renate Hensel

PR-Beratung Rainer Sass:	M-Connect Hamburg
Geschirr und Requisiten:	Dibbern Bargteheide
Lizensiert von:	NDR MEDIA GMBH

ISBN 3-930336-03-0